消費と投資で人生を狂わすな

Don't ruin your life by consumption and investment.

小堺 桂悦郎

Keietsuro Kozakai

幻冬舎

消費と投資で
人生を狂わすな

Don't ruin your life by consumption and investment.

小堺 桂悦郎
Keietsuro Kozakai

幻冬舎

ブックデザイン● 斎藤啓一(panix)
帯撮影● 小村　仁
カバー・表紙・別丁扉・本扉撮影● 佐々木耕一

はじめに

この本は、今流行の、個人に向けた、お金の取り扱いの本です。本屋さんでこの本が並んでいる場所の周りには、多分、お金に関する本がたくさんあると思います。

第一章では車の買い方について書いてありますが、それだけでは決してありません。

申し遅れました。資金繰りコンサルタントの小堺《コザカイ》と申します。資金繰りコンサルタントというのはズバリ、お金の取り扱いのプロです。経歴をご覧いただければおわかりになるかと思いますが、元銀行員であり、税理士事務所にも勤務していました。

その経験を生かし、現在はコンサルタントとしてお客様にアドバイスをして、お金をいただいています。

つまり、お金の取り扱いに関して、お金を稼げるほど熟知しているわけです。

さぞかし、私個人のお金の使い方、運用の仕方は素晴らしいのだろうな、と思われるかもしれません。

さて、それはどうでしょう。医者の不養生という言葉がありますが、はたしてお金の取り扱いのプロである資金繰りコンサルタントは、私生活でどんなお金の取り扱いをしているのでしょうか。

本屋さんにたくさん並ぶ個人向けお金の本と、この本の一番の違いはそこにあります。

お金について、知識や情報として、知らないより知っているほうがいいのは当然です。でも、知っていることと実践できているかどうかは話が別です。どれほど知っていても、使いこなせなければ意味がありません。

この本は、私が身をもって実践してきたありのままを題材にして書いています。

お金の取り扱いで重要なのは、消費と投資です。この二つの取り扱いを間違えると、人生に重大な影響を及ぼすことになります。とりかえしがつかないことになってしまいかねないのです。

「え？　オジサン、お金で失敗したことなんかあったの⁉」

いきなりの登場ですが、この本の道案内は、実在する私の甥っ子です。実在するものですから、あまり詳細に紹介するのは差し障りがあるのですが、そもそも、この本を書くきっかけをくれたのは甥っ子からの質問や相談でした。

「ねぇオジサン、車欲しいんだけど何買ったらいいっすかね？　カッコいい時計が欲しいんだけど……」

はじめはそんな程度の質問でしたが、成長するにつれ、今度結婚するんだけどさ……そのうちマイホームも買いたいんだけど……と、どんどん使うお金の単位が大きくなっていきます。

「ねぇねぇ、お金でどんな失敗したの？　コンサルタントなのにやっちゃったの？」

誰がいつ、失敗したって言いましたっけ。その前にさ、お金についての失敗ってどういう状態だよ。何をもって失敗や成功とするのか、まずはそこからはっきりさせようじゃないか。

「いや、ベンツだのＢＭＷだのってタイトルついた著書をたくさん書いて、何台も車を持つオジサンだから……ひょっとして、車の買い方で何か失敗しちゃったのかなって」

そう、そのとおり。消費で人生を狂わせるのは車と住宅。この二つの買い方を間違えると借金地獄にまっしぐらです。

投資でいえば、株と不動産と独立起業。

消費なのか投資なのかよくわからないものとして、保険というのもあります。

この本では、これらの消費と投資について、私の甥っ子の疑問に答える形で話を進めていきましょう。

「そういえばオジサン、車、四台ありましたよね。一台なくなってますけど、どうしたんですか？　売らないって言ってたのに……まさかお金に困って……」

なぜ車を四台所有していた資金繰りコンサルタントが一台手放したのか？

話は、そこから始めましょう。

CONTENTS

消費と投資で人生を狂わすな　目次

CHAPTER 1

CHAPTER 2

三十歳から保険に入りなさい

CHAPTER 3

自分の年金は自分で作りなさい……93

CHAPTER 4

当然のように家を買ってはいけません……131

CHAPTER 5

お金を殖やしたいなら独立しなさい……167

CHAPTER 1

やっぱり車は中古にしなさい

「あ、どうも、甥っ子ですけど……。あの、乗っている車、ランクルのミッションが壊れちゃったんすけど」

ああ、私の可愛い甥っ子よ、久しぶりだね。キミの勤務地が遠く離れて、最近はなかなか顔を合わせることができなくなっちゃったね。で、どう、銀行員生活三年目は？

「大事に乗ってたんすけどね。さすがに十何年も経つ車だとあちこち壊れちゃって……。ミッション載せ換えするのに、十五万くらいかかるって車屋に言われちゃって」

おい、会話が噛み合ってねえじゃねえか。オレはな、確かに車好きだよ。だけど、久しぶりに会ったと思ったらいきなりミッションが壊れた？　なんなんだ？　金の無心か？　修理代を貸してくれって話かい？

「いや、そうじゃないっすよ。やだなあ。もう、最近、キレるの早くないっすか？　歳のせいっすか？」

ああ、めんどくせえなあ……。わかってるよオマエの聞きたいことは。

社会人になって三年目、学生時代から付き合ってる彼女との結婚もそろそろ考え出して、ここで十数年オチのランクルの修理に十五万も二十万円もかけるのはどうかな、って思ってんだろ。

知るかよ、そんなこと！　ボーナス一括払いで修理したらいいじゃねえか！

「またまたぁ、薄情だなぁ～。誰っすか、車は中古がいい、ってすすめたのは。若くても、好きな車がちょっと高めだとしても中古車ならいいんじゃないか、って。アドバイスしたのはどこの誰っすか？」

あー、はいはい、私です。アナタの叔父の、この私です。

でもね、中古車、それも十何年も経つようなマニアックな車は、買った後に壊れたりするから、その修理代を用意しておくように、って言ったよね。例えば、予算が百万円くらいなら少なくとも三十万円くらいは修理費にとっておけ、って。で、その修理費を用意してなかったんだ？

ランクルの「70《ナナマル》」？「80《ハチマル》」？　いくら国産車とはいえ、ずいぶんとマニアックなオフロード車を買ったもんだ。

売っちゃえ、売っちゃえ。

借金して買ったわけじゃないんだから、売ればそのまま金になるだろう。

「借金で車を買わないという言いつけはちゃんと守りましたよ」

守りましたよじゃなくて、社会人になったばかりでローンが組めなかっただけだろう。だから就職祝いだなんだとゴネて、親に金を出させたんじゃないのかい。

「で！　ものは相談なんすけど、オジサンのレガシィ、会社名義のリースでしたっけ、あれ、もう乗ってないって。ランクル飽きたら乗ってもいいぞって言ってくれましたよね？」

ああ……、言った、言ってた。つい甥っ子に良い顔したくて……。十数年オチのランクルなんていつ壊れるかわからんぞ、なんならレガシィ乗ってろ、って。オレはレガシィのリース料を毎月払ってるのにＢＭＷを買ってしまったから……。

でも、ごめん。レガシィ売っちゃった……。もうちょっと早く言ってくれたら売らなかったのに。大変だったんだよ、あのレガシィ売るの。

聞いてくれる？　あれ売るのに八十万円も払ったんだぜ。リース残債百八十二万円だから同じくらいで売れればいいだろ、って思ってたらそうじゃないんだ。
まったく、車って、買うのも大変だけど、売るのはもっと大変なんだよ……。

やっぱり車は中古車にしときなさい

ひゃ、百万⁉ たったの百万ですか！ この、スペックB本革ナビ付きのレガシィB4の二年オチが、たったの百万っすか！

「いえ、正確には九十万の査定なんですけど、十万円は正月査定のプレミアム上乗せということで……」

新車で四百万円もした車だというのに、二年でたったの九十万円……。しかも十万はプレミアだと……。百万円でこの車が買えるなら、オレがもう一回買うよ！

これは、二〇〇九年正月、ある自動車ディーラーに気になる車を見に行ったときの、実際の出来事です。

私は自動車を複数台所有していて、その中の一台がそのレガシィB4という車なのです。

ほかに中古のＢＭＷのクーペ、つまり二ドアで、レガシィＢ４はいわゆるセダン、四ドア。ドアの枚数こそ違うものの、スタイルは大まかにいえば同じ箱型であり、乗用車といわれるタイプの車です。

日頃乗る車としてクーペで十二分に満足していた私は、四ドアのレガシィを別のタイプの車に取り替えようかと思い、ある自動車ディーラーを訪れたのです。

私は一般人としては車に詳しいほうだと自任していました。趣味の車オタクで私以上に詳しい人ならたくさんいるでしょうが、私は経営コンサルタントとして中古車販売店の顧問にもなっています。

以前勤めていた税理士事務所でも、中古自動車販売の会社をいくつも担当し、経理処理の仕方から仕入から何から何まで、裏の裏まで熟知しているつもりでした。

新車なんて買っても三年で半値以下、五年で査定はほぼゼロ。わざわざ新車で買うのはバカらしい。それが車を買うということだ……、なんて偉そうに言ってきましたが、現実はそれをはるかに上回るってわけです。

○六年十二月取得のレガシィＢ４スペックＢは本革ナビ付きで約三百二十万円。それにＳＴＩ（スバルテクニカインターナショナル）のアルミにマフラーに……と結局四百万円。それが、三年で半値どころか二年で……。

「コザカイ様のお車が、いろいろな装備も備わっていてお手入れも行き届いているのはわかるのですが……。お高かったですよね？　このレガシィ」

慰めようとしているのか、傷口に塩を擦りこもうとしているのか、ディーラーのセールスレディは続けます。

「それはわかるのですが、現在の相場からいうと……」

つまり、レガシィは人気がないと？

「そうです。もともとが人気がないので、部品交換分がまるで評価にならなくて……。確かに、わかる人にはわかるのかもしれませんが……」

新車でオプションをつけるのはやめときなさい

同じ車種であっても、いろいろな装備によって値段は複雑に変わってきます。

例えば、私が所有していたレガシィなら、まず排気量が三〇〇〇ccと二〇〇〇ccのターボつきの二種類に分かれ、当然、さらに本革シート仕様か、純正ナビつきか、サンルーフつきか……。というように、当然、装備が付くほど値段が上がります。

その価格表は、見慣れない人にとっては何が何やら複雑で、見ているうちに具合が悪くなりそうです。

レガシィの場合は、オプションが何もついていない状態の値段は約三百万円程度です。本革シートだの純正ナビつきだのといったところで、しょせんは三百万の車であって、そこから経過年数によってその価値がどんどん下がっていったわけです。

さらに私の場合は、アルミホイールを替えてマフラーも替え、改造をしてしまったわけです。

確かに、私と同じような趣味の、お好きな人にはたまらない仕様の車に仕上げた自信はありますが、買い替えで査定に出すときにそんなことは一切考慮されません。

それどころか、極めて個人的な嗜好の車にしてしまったことで、逆にマイナス評価になることさえあります。

乗っている車を売って現金を受け取る「買取」か、車を売って同じ販売店で買う次のクルマの購入資金に充てる「下取り」で査定に出す場合、もっとも高評価につながるのは、買った時点のまま使用した状態の車です。

純正のアルミが気に入らなくて、ナビも社外品のほうが安いし機能も良いから後づけで……。そんなものはどれほど有名ブランドの部品であろうと決して良い査定にはつながりません。

おまけに、そんなあれやこれやを現金購入していたならまだしも、購入時に車輌本体価格と合わせてローンやリースを組んでいたものだから……。

四百二十万円でリースを組んでまだ二年、残リースが二百五十万円もある車がたったの……百万円なんて冗談じゃない！

車の値段を知るために相場をネットで調べなさい

自分の車が、いったい今いくらするのか？

車が好きで、あるいは飽きた車を取り替えたいな―、と考えたことのある人が気になるのは、今乗っている車の査定でしょう。

さすがにこればかりは、何年式のこの車はいくらです！　といった一覧表はどこにも存在しません。

新車であれば同じ車はそれこそ何百台何千台とあるでしょうが、いったん販売されてしまえば、同じ中古車はこの世に一台と存在しません。たとえ同じ車で同じ年式、同じ走行距離であっても、その値段には差が出てくるものなのです。

そもそも、中古車の値段を誰がつけるかといえば販売業者の人。この車であればこのくらいで売れるんじゃないかなぁ、せめてこの金額で売りたいなぁ。そんな程度の考えで値段をつけているだけで、どこかに決まりごとがあるわけではありません。

そうはいっても、「このくらいで売れる」かもしれないという、せめて目安みたいなものを知ることはできないのでしょうか？

知りたいことは大抵インターネットで調べられる世の中です。

例えば、Ｙａｈｏｏ！の「中古車情報」というコーナーで、自分の車を調べてみましょう。ものの数秒で、アナタの乗っている車と同じような状態の車の現在の販売価格がわかります。

どうです？　意外に高くて嬉しくなりましたか、それとも逆にがっかりしましたか？

そこに出ている値段は、販売業者さんがそれぞれの考えなり事情から勝手につけた値段です。いってみれば、それが、「相場」です。

ただし、その値段は、あくまで売値、小売価格です。間違っても、アナタが今乗っている車をその値段で販売業者さんが買い取ったり、下取りでとってくれるわけではありません。

さて、ここから想像力を働かせてみましょう。

ネットで調べた値段で売って儲けるためには、そもそもいくらで仕入れたらいいのでしょう？

ネットに値段が出ている車の仕入値、つまり買取価格はいくらでしょう？

販売力のあるディーラーで車を売りなさい

なんだよ、レガシィは二百万円以上で売りに出てんじゃん！　なのにディーラーの下取り査定が百万円ってどういうことよ？

確かに、この本を書いている現在でもネットで検索すると、私が所有していた車と同年式で同程度の走行距離で同じような仕様のものが二百万円以上の値段で売りに出ています。しかし、その数は日本全国でもたったの十六台。これって、人気がないのか、いわばマニアックな「希少車」ってやつ？


いろんな見方、考え方ができますが、いかに欲しい人にはたまらない車であろうと、欲しい人の数も圧倒的に少ない。つまりそもそも商売になりにくい車なのです。

確かに二百万円程度の売値がついている車ではあるが、それを売上高のうち純利益の占める割合である粗利《あらり》二〇%として百六十万円で下取りしたとして、いったいいつになったら売れるのでしょうか?

下取りであろうと買取であろうと、より早く売れる車ほど高く引き取ることができるのが商売の道理。

高く引き取るということは、高く仕入れるということにほかならないのです。売るのに時間がかかる車ほど高く引き取るわけにはいきません。

なぜなら、その分のお金をただ置いておくようなことになるわけです。それだけならまだしも、結局売れずに引き取った値段より安く売るはめになれば損をすることになります。

そうすると、査定の値段はそもそもの車自体の価値に加えて、販売業者の販売力によっても変わってきます。

まして、私の車のようなややマニアックな車の場合は、いわゆる専門店のほうが高く引き取ってもらえる可能性が高いでしょう。

あるいは、同じメーカーで買い替えるか、逆にライバルメーカーの販売店に行くか。

私が〇九年の正月に訪問した車屋さんは某外車ディーラーで、その経営母体は国産メーカーでした。そんなところに行った私がそもそもの間違いだったのです。ましてや、新車で三百万円の価値しかないのに百万円も上乗せした上、二年しか乗っていないものを下取りの査定に出すなんて。

その外車ディーラーにしてみれば、たとえ私が新車に買い替えたところで、その代金のうちの百万円相当は私の車という現物になってしまいます。それを中古車として売ってはじめて新車を売った利益が金になるわけです。

でも、その外車ディーラーには国産中古車を売っているショールームはない。並んでいるのは自社ブランドの外車の中古車だけです。

では、国産車を下取りした場合はどうするのでしょうか？

これは私の想像ではありますが、経営母体である国産メーカーの販売会社の中古車部門で買い取るのではないでしょうか？

あるいはすぐに中古車オークションにでも出して売ってしまうのか。

下取りにしろ、買取にしろ、引き取っただけでは商売にならない。それはあくまでも仕入です。テレビなどでしきりに宣伝している車の買取専門店にしても、買い取っただけで儲かる商売はこの世の中に存在しません。

販売力があってこそ、より高く買い取ることができるというわけです。

さて、私のややマニアックな「高額車」はその後どうなったか？

〇九年正月より苦節十ヶ月、二百三十万円で売ることができました。その詳細は、また後ほど。

下取りは二度利益がとれる！

じつは、車買い替え時の下取りというのは、うまくすると一度の取引で二度おいしい、つまり儲けることができます。

まず、純粋に新たに売る車の利益がとれる。次に下取りした車を売って、また利益をとる。

でも、下取りした車が売れなかったりしたら……。

例えば、十ヶ月かかって売ることができたレガシィは、あれこれ装備（オプション）をつけて四百万円（諸費用は別）でした。この四百万円の売上から売ってくれた車屋さんの儲けはおよそ五十万円だったとしましょう。

この五十万円を、会計用語では「売上総利益」、通称「粗利益」といい、略して「粗利」といいます。パーセンテージにすると、「五十万円÷四百万円＝一二・五％」。これが「売上総利益率（粗利率）」と呼ばれる数値だ。

四百万円の新車を売って五十万円の儲けということは、その「原価」、つまり「仕入値」は「四百万円－五十万円＝三百五十万円」ということです。

私がレガシィの新車を買った車屋さんは中古車販売店ですから、当然新車は店頭にありません。私からの注文を受けてスバルの販売店から仕入をし、それを私に売ったわけです。

中古車販売店が個人や会社に新車、中古車を販売することを「小売」、メーカーの販売店（ディーラー）が街の中古車店や整備工場に車を売ることは「卸売」といいます。

ちなみに、販売業者同士がお互いに売ったり買ったりするこのようなやり取りを、俗に「業販」といいます。

先に書いた中古車オークションなども、参加できるのは販売業者に限られるわけですから、これも「業販」の一種ということになります。

話を私の車、レガシィに戻しましょう。

私がそのレガシィを買った販売店とすれば、新車の注文を受けて右から左に流すだけで五十万円の儲けが出るのですから、決して悪い商売ではないように思えます。

しかし、儲けの率、売上総利益率にしたら、せいぜい一割程度。もし、これが百万程度の新車の注文なら、その儲けはたったの十万にしかなりません。右から左といっても車というモノを動かすわけですから、その手間からすればあまりいい儲けともいえないのです。

これって、販売してくれた中古車店にとってはどうなんでしょう？

確かに、レガシィの新車を四百万円で売って五十万円の儲けを出しました。が、私が支払うべきその販売代金の四百万円のうち百二十万円はお金ではなくモノ。つまり下取りしてもらった車のアコードなんです。

問題は、レガシィに買い替える前に乗っていた車で、新車で三百万円くらいだったアコードを三年オチで百二十万円で下取りしてもらったのです。

そうすると、「四百万円－百二十万円＝二百八十万円」のお金が中古車販売店の手許に入ったわけですが、仕入先のスバルの販売店に仕入代として三百五十万円を支払わなければなりません。

なんのことはない、下取りというのは車屋さんが買い取ることなのです。

確かに、理屈では四百万円のモノ（車）を売って五十万円の利益が出ました。しかし、その儲けは下取りした車（在庫）に形を変えてしまったわけです。

これで本当に儲かったといえるのでしょうか？

「あの下取りしてもらったアコード、百八十万円で売れたの⁉　マジで？　ひゃー、いったいどこの誰が買ってくれたのぉ？」

私がレガシィとアコードを買った中古車販売店は、私の資金繰りコンサルティングの顧問先です。

毎月顧問料をいただいているし、毎月訪問して、販売実績表や仕入表など何から何まで目にしています。

レガシィに買い替えてからの三ヶ月というもの、行く度に心を痛めていました。

下取りしてもらったアコードはまだ売れていない、今月もまた……。顧問料を受け取っていながら、逆に顧問先の資金繰りを圧迫している資金繰りコンサルタント……。

それが、三ヶ月後にやっと売れたのです！

それがなんと百八十万円でとのこと。百二十万円で下取りしたわけですから六十万円の儲けです！

これでレガシィの五十万円の儲けと合わせて百十万円の儲け！

いや～、よかったよかった、顧問コンサルタントとしてホッとしました。

一粒で二度おいしいとはこのことです！

ごめんね、社長、私のわがままで迷惑かけちゃって。

「まあ、百八十万で売れたのは出来すぎですけどね。あのアコードはオークションで輸出業者が落札していったから、今頃西海岸あたりを走っているんじゃないっすかね」

ああ、そうなんだ……。でも、五十万円足らずの粗利で百二十万円の在庫を三ヶ月も抱えさせちゃって……。

「あ、五十万円の儲けじゃないすよ。リース会社からのバックもあるんで、六十万円くらいじゃないですか。やだな〜、決算書は毎月見ているじゃないですか」

車販売店はクレジット購入を大歓迎!?

車をクレジットかリースで購入した場合、新車、中古車に拘《かか》わらず販売した車屋さんにはローン会社等から手数料が支払われます。

何の手数料かといえば、ローンを利用してくれるお客さん（車の購入者）を紹介してくれた謝礼という意味です。

クレジット会社にとっては、車の購入代金を貸して初めて金利収入という利益が得られるわけで、お礼をするのは当然といえば当然の話。

つまり、クレジットにしろ、リースにしろ、借金して買うのと同じようなわけですが、その金利には中古車販売店への手数料も含まれているわけです。

中古車販売店からすれば、現金で買ってくれようとクレジットで買ってくれようとどちらでも構わないけれど、クレジットで購入してくれたほうがその紹介手数料分だけ儲けが増えることになるから大歓迎です。

ちなみに、ついでに中古車販売店を通じて任意の自動車保険なんかにも加入すれば、その手数料も中古車販売店に入ります。

こうして、車輌本体価格の儲けだけではなく、付随する利益、あるいは下取りした車から予想されるであろう利益などもあれこれ計算しながら、販売価格を考え、顧客と交渉していくわけです。

もっとも、どれほど計算したところで、売れない車は売れません。もし私の顧問先の中古車店で下取りしたアコードが売れないまま何ヶ月も経過していたら、いつの日かオークションに損を承知で出してでも処分するほかなかったかもしれません。

たとえ新車で六十万円の粗利を得ていたところで、下取りした車を何ヶ月も売れないまま並べていたら、その下取りしたお金は銀行から借りているわけですから、その間の金利負担も発生します。

そもそも在庫として置いておくにはそれだけの場所も必要なわけで、その場所が賃貸であれば地代・家賃もかかっていますし、自社所有であれば借りたお金の負担もかかっていることになります。

一度の取引で何度もおいしいようではありますが、それにはそれ相当のリスクも抱えているわけです。

車が売れるまで辛抱強く待ちなさい

外車系ディーラーでたったの百万円と査定された私のレガシィは、なぜ二百三十万円もの高値で売ることができたのでしょうか?

なんのことはない、売れるまで辛抱強く並べておいただけです。正確にいうと、その中古車店にお願いして並べておいてもらいました。

残リースがあったから、高額の値札をつけておくしかありませんでした。

約四百万円のレガシィは、リース契約にして毎月七万円を六十ヶ月支払うことになっていました。購入が〇六年十二月でしたから、〇九年正月の時点では丸二年の経過、つまりリース契約の残りは三十六ヶ月で二百五十二万円残っていたわけです。

リース契約の残っている車を取り替える、つまり売るということは、リース契約の解除を意味します。解約するには契約の残金と、さらに違約金も上乗せして支払わなければいけません。

二百五十二万円の残金（残リース）を支払えば終わりというわけにはいかないのです。

ここが、レンタカーとリースの違いであり、クレジットで買った場合との違いでもあります。

レンタカーはごく短い時間分の賃料を支払って借り、使い終わったら返せば終わりです。リースの場合も、数年にわたる長期のレンタカーみたいなものだといえなくもないのです。例えば、一泊二日で借りたレンタカーを当日中に返したからといって、料金を返してくれないのと同じ理屈です。

ちなみに、レンタカーの所有者はレンタカー会社ですし、リース契約した車の所有者もリース会社になっています。

でも、レンタカーをいくら何日間も借りたからといって、自分でオプションの取り付けをする人もいないだろうし、契約上も許されてはいません。

ところが、リース車輌の場合は、所有者はリース会社であるにも拘わらず、オプションの取り付けは許されているから、長い間乗っているうちになんとなく自分の車のような錯覚をしてしまいます。

そう、私のように、たった二年で取り替えたいだなんて、リース契約上からいったらとんでもない話です。リース会社からしたら、まず残リース代プラス違約金を支払ってからにしてください！　という話になります。

さて、困りました。

残リース代プラス違約金を気前よく支払う度量のない私は、顧問をしている中古車店に相談しました。

売れぬなら、売れるまで待とう……。でいきましょう！

車好きならリース購入は厳禁！

ここで改めて言っておきましょう。

私はこれまで、中小企業の経営者で車好きな方がいたら、趣味と実益を兼ねて会社（法人）でリース契約しましょう、と提案してきました。

でも、やめておいたほうがいいです。

車好きほど、リースで購入するのはやめておきましょう。

買うのも大変ですが、リース期間中に売るのはもっと大変です。

何を言ってるんだ、自分はそんなことにならないぞ、と思うかもしれません。

では、どうして購入して一年や二年しか経ってない車が、中古車として売られているんでしょう。たった一年や二年で飽きてしまったか、あるいは支払えなくなったのか……。そういう人が決して少ない数ではないということでしょう。

さて、どうしても手放したくなってしまったオプションてんこ盛りのレガシィB4、中古車屋さんの店頭に二百三十万円の値札をつけて並べておいてもらって、その間のリース料はどうしていたか？

毎月七万円ずつ私の会社の預金口座から引き落とされていました。

乗ってもいないのにリース料だけは支払ってたの？　バカじゃないの！

おっしゃるとおりです。

査定が悪かったなら、買い替えるのをあきらめて、なぜ乗らなかったか？

乗らなかったんじゃないんです、乗れなかったんです。

なぜなら、私の手許には中古のＢＭＷがあったので、レガシィに乗りたくても乗れなかったのです。

いくら車好きでも一度に運転できるのは一台だけなんです！

会社と個人で車を複数台持とうとその気になってしまった経営者の方、車は一度に一台しか乗れません。

自分が飽きっぽい性格なのかどうか、もう一度よく考えましょう。そうでないと、肝腎《かんじん》要《かなめ》の経営に重大な影響を及ぼしかねません。

さあ、はたして私はレガシィを高額で売ってリース残債をきれいにかたづけられたのでしょうか？

未完済なのに車を買い替えるな！

はあ？　二百八十万円⁉　なんで残リース百八十二万円の車を解約するのに二百八十万円もかかるの⁉

思わず顧問先の中古車店の社長に向かって大声を出してしまいました。

四百二十万円のリース総額で、毎月七万円の支払でこれまで三十四回支払ったから……。

このリース支払明細だと百八十二万円の残額になっている。確かに解約する以上は違約金なり何らかのペナルティがかかるとは思うけど、二百八十万円だなんて！
リース契約書のこの細かい条文をよく読んでも、どこにもそんな根拠書いてないじゃないか！

もともと四百万円の車輌代を五年、四百二十万円でリース契約をして、月々七万円ずつ支払っていく……。確かに契約書にはそう書いてあります。つまり、その差額二十万円がリース会社の儲けではないのか？

でも、契約書には「規定損害金の基本額として四百六十万円」と書いてあって、毎月の逓減《ていげん》額として六万四千円とあります。

じつは、この「規定損害金基本額」というのが、リース会社が定めたレガシィの価値で、その価値は毎月六万四千円ずつ減っていきますよ、というわけです。

だから解約する、つまり買い取っていただくには、この四百六十万円から経過期間分だけ六万四千円ずつ減らした残りを支払っていただきます、という意味らしいのです。

らしいというのは、契約書には一切その旨は書かれていません。

ということで、三十四ヶ月経過した規定損害金の残額は「四百六十万円－（六万四千円×三十四）＝約二百四十二万円」ということになります。さらに車輌売却加算金で十万円、後払いリース料二ヶ月分の十四万円、さらに消費税も加算されてなんと約二百八十万円の違約金というわけです。

　売却代金二百三十万円から中古車店に売買手数料三十万円支払って残りの二百万円に、さらに八十万円自腹を切ってリース会社に支払わねばなりません。

「車をリストラ」するのも大変な話です。

とはいうものの、毎月七万円の百八十二万円残っているリース料は支払う必要がなくなるからその分のお金は浮きます。

　さあ、アナタならどうします？

　もちろん、ほんとに個人的な話だったら、レガシィにずっと乗ってろ！　って話です。しかし、これを中小企業の設備投資、例えば店舗などの場合として考えてみたら？

　つい新たな設備投資――私の場合、中古のＢＭＷ購入――をしてしまいました。そしたら既存の設備（レガシィ）は稼動しなくなってしまいました。稼動しないものに毎月お金を支払うのはもったいないし、何より稼動しない設備を維持していることが心苦しい。

　さあ、アナタならどうします？

　今解約すれば八十万円の資金が出てしまいます。でもこのままだと、乗りもしない車に毎月七万円ずつ百八十二万円支払わねばなりません。その支払が終わった頃の車の価値はおそらく五十万円あるかないかでしょう。

　もちろん、手許に八十万円の資金余裕がなければ、リストラすることなんてできませんけど。

もし、こんなこと、本当にサラリーマンが個人的にやってしまったとしたら、車貧乏、借金地獄にまっさかさまです。

リースか？　ローンか？　支払額の小さいほうを選びなさい

ではこれが、四百万円のローンかクレジットで買った場合ではどうでしょうか。

どっちが得かを比較するのは簡単です。単純に総支払額を比較してみればいいのです。五年なら五年の間、ずっと維持するという前提でしか考えませんから、総支払額が少ないほうを選べばいいだけです。

リースの場合だと、メンテナンスリースといって、リース期間内の車検など車の維持費もリース料に含めるかどうかの検討も必要ですが、これもよく計算してみればいいことです。

問題は、解約することになってしまった場合の検討です。車を購入する場合、不思議なことに、なぜかこれを考えたりしないんですねー。

中小企業の設備投資を検討する際は、万が一撤退する場合のことも考えるのですが、それでも車の場合は解約（乗り換え）の際の費用負担を検討することはまずありません。

契約書、申込書のどこを見ても、解約する場合にはこれぐらいの費用がかかります……なんてことはちっとも書かれていません。

私の会社でリース契約した場合の契約書にも、「契約解除の場合」という項目はありますが、どれぐらい違約金が発生するのかは書かれていません。

クレジットの場合も同様です。

申込書には、クレジットの支払期間の分割手数料として金額は明記されていますし、毎月の支払額と残金額の明細も後日郵送されてきます。

が、はたして中途で解約、クレジットの場合は完済したくなった場合、いくら支払えばいいのかは、その計算方法すら記載されていません。問い合わせ先もありません。

解約（完済）する際の支払金額が明確なのは、銀行などからマイカーローンとして借りた場合だけです。

銀行からの返済予定表には、月々の元金と利息の内訳、それに残りの借金の額がちゃんと記載されています。

中途で車を売りたいからいったん完済したい、あるいは単に借金を返してしまいたいときは、その返済予定表で確かめてお金の用意をすればいいだけです。ひょっとしたらマイカーローンの中にも一括返済する場合は違約金が発生することもあるかもしれません。念のため調べておきましょう。

リースにしろ、クレジットにしろ、銀行のマイカーローンにしろ、どれも借金であることには変わりません。

今すぐ買いたい気持ちをぐっと抑え、解約、返金の際のことまで検討してから購入を判断しましょう。

おっと、まさか銀行ローンだけが借金だとは思っていませんよね？

わざわざ銀行に行くのが面倒だからとクレジット契約なんかしていませんよね？

銀行の返済は遅れると大変だけど、クレジットなら平気だろうなんて思っている人、この個人情報時代の現在、まさかいませんよね？

ローンだろうとクレジットだろうと、アナタの借金はすべてガラス張りです。これに関しては第四章で！

返済額を減らすために車を買い替えるな！

借金で買った車を買い替えたくなった場合、真っ先にするべきことは違約金、解約金を調べることです。

間違っても、今乗っている車の査定を調べることではありません。

それは、借金地獄、消費の泥沼への第一歩です。

まして、解約のことも調べず、査定もせず、いきなり次の車の物色をするようではもうかなりの重症、地獄の三丁目に行ってしまいます。

何を隠そう、この私がそうです。


借金で買った車をどうしても取り替えたくなった場合によくやるのが、今の残債を次のローンにかぶせてしまうことです。

例えば、今乗っている車の査定が百万円として、残債が同じ百万円だったら理屈は合います。

が、もし査定が五十万円で残債が百万円だったとしたら？

その差額の五十万円が足りませんから、足りない分は自分でお金を用意しなければいけないのでは……。そう考えるのが当然です。

でも、これが、その足りない五十万円を次の車の購入代金に足して、新たにローンを組むこともできちゃうんです。


ようこそ！　車の借金地獄へ！　道先案内はこの私がします！

もちろん、さまざまなケースがありますからすべてのケースで可能とはいえませんが、よほど信用状態が悪くなければ、やってやれないことではありません。

でもねぇ……。

よく消費者金融のコマーシャルで「ご利用は計画的に」と耳にしますが、計画できる人はそもそもご利用なんかしません！

しかし、悪い面だけではありません。

今のローンやクレジットの返済がきつい場合、この買い替えとローンの組み替えを行うことによって、返済額が少なくなる場合もあります。

例えば、残り五十万円を十回で支払うと毎月五万円の返済で苦しい場合、新たに百万上乗せして百五十万円を五年で組み直したほうが月々の返済が少なくなる……ということもありえるのです。

お、いいこと聞いた！　よしやろう！　なんて思っちゃうような方は、この本を読んでいたりしないと思いますが。

確かに、そういうローンの組み替え、借り換えを行うことは中小企業でもよくあります。が、個人の場合、返済額を減少したいのであれば、何も別の車に買い替えなくても、ほかのローンに借り換えればすむ話です。

百歩譲って、通常のローンは審査が厳しくて通らず、しょうがなくクレジットを使うしかないのであれば、せめて今の借金以上の上乗せはやめときましょう。

五十万円の残債の支払を楽にしたいのであれば、上乗せは五十万円以下にしときなさい、ということです。

世界は車を中心に回っている!?

ところで社長、このリース契約書に書いてある規定損害金って何？　それからクレジットの場合の、この分割手数料っていうのはさ……。

この本を書くにあたり、自分の車のリストラのためにも、顧問先である中古車店の社長に私は聞きました。

「いや……。わかんないっす」

いや、あの、わかんないって……。一応、売ってるわけだしさ……。

「いやー、だって、車を買うときには誰もそんなこと聞いてきませんよ。どれを買うかの次には、査定も含めていかにまけてもらうかが最大の関心事ですもん。聞かれもしなきゃ、クレジット会社だってリース会社だって誰も説明なんかしませんよ」

おっしゃるとおり。

借金してでも買いたい人がいれば、クレジット会社もリース会社も貸して儲けるのが仕事だし、車屋さんは車を買ってもらうのが仕事です。

ましてやそれが車のメーカーとなれば、どんどんコマーシャルを流し、お得感をあおり、新車を買ってもらわなければなりません。

○八年秋、リーマンショックとやらでアメリカが大不況に陥り、世界同時不況も始まって、車も何もかもさっぱり売れなくなってしまいました。

アメリカが不況になったら、日本のメーカーまで大不況になってリストラだなんて大変な有様になってしまいました。

「コザカイさん、次の本のネタにするから調べてくれって……。あまり変なこと書かないでくださいよ。どんどん消費してもらわないと……。新車をバンバン買って、コザカイさんみたいに損してでも買い替えてもらわないと、良い中古車が出回ってこないんですから。せっかく、やっと新車が売れてきたんすから……」

新車が売れてきた？　私みたいに、というのも確かにひっかかるけど、もっと気になるのは売れている新車——今話題のハイブリッド車。この車はそんなにお得なのでしょうか？

確かにエコカーはお得!?

ここでエコカー減税について詳しく解説するつもりはありません。

何をもってお買い得とするかといったら、装備や大きさ等も含めて同じ性能の車が何台かあれば、減税や補助金がたくさんつく車を買うほうがお得に決まっています。

もちろん、燃費も良いほうがいい。

では、その気になる燃費ですが、当然、より多く走っている人ほどお得になります。リッター十キロ走る車と三十キロの車では三倍違います。ガソリン代が三分の一ですみます。

中古車業界の査定では、一ヶ月千キロの走行が目安のひとつになっていると聞きます。

それ以上は過走行といって査定が厳しくなるそうです。

とすると、リッター十キロ、ガソリン代をレギュラー一リットル百三十円で換算すると、千キロ走れば一万三千円になります。

それを、リッター二十キロのハイブリッド車にすれば月のガソリン代が半額の六千五百円になります。年換算するとガソリン代が七万八千円少なくてすみます。

さあ、アナタの車は月に何キロ走っていますか？

減税だ！　補助金だ！　期間限定だ！　エコカーが売れすぎて在庫がなくなっちゃうぞ！　急げ！　今すぐハイブリッド車の契約書にハンコを押しましょう！

どうしても車を取り替える必要に迫られている。余計な出費はしたくないのに、やむを得ず……。という人にとっては大チャンスだったのが二〇〇九年のエコカーブームでしょう。

四人乗れて走れればいいや、というだけでの車選びなら、プリウスでもインサイトでもお好きなものをお好みで。

これが例えば、新車を二年で買い替えるほどの車好き、飽きっぽい私が、これからはハイブリッドだー！　燃費が三倍以上お得なんだー、って言い出したら、皆さんどう思いますか？　遠慮なく言ってください、バカじゃないの！

そのとおりです。

諸費用が免除されようが、補助金が出ようが、今乗っている車が何年も経ち、もちろんローンやクレジットの支払が終わって、そろそろかな、最近故障もあるしな、けっこう走行距離もあるしな、という方以外、焦って買い替える理由はまるでありません。

減税、補助金の狙いは消費拡大!?

国が減税するのも、補助金を出すのも、すべては消費の拡大のためです。皆さんにお金を使ってもらいたいからです。

何のために？

景気を良くするためです。

自動車会社で働いている人、その下請け関連含めて、膨大な雇用を維持継続、回復させる目的以外に何もありません。

環境のためのエコカーというのは、消費させるための大義名分です。

同じような狙いで、高速道路のＥＴＣ割引があります。

高速代を土日祝祭日千円乗り放題にして、皆さんに遠出や観光をしてどんどんガソリンを使い、外食して温泉にでも泊まって、お金を使ってほしいからにほかなりません。

借金を残したままの車から、エコカー減税でハイブリッド車に乗り換えて、日本全国ＥＴＣ割引でどんどん出かけましょう！

月に千キロ走っていた人が二倍も三倍も走ったら、お得でもなんでもありませんよ。

似たような政府の対策に、家電製品のエコポイントや、太陽光発電設備の補助金なんていうのもあります。

エコポイントなんて面倒なことせずに、直接値引きしてくれればいいのでは？　と思いませんか。

でも、それじゃオマケを選ぶお楽しみもないし、関連業者さんが何も潤わない。自動車業界だけじゃなくほかの業界にも何かやってくれ、という要望のための制度なのですから。

エコカー減税だろうが、太陽光発電だろうが、お得かそうでないかの考え方の基本は費用対効果です。

それだけのお金をかけて、どれほどの効果や節約、儲けがあるのか？

ただし、かけた分以上の効果が得られてからが、本当の儲けであり、節約効果です。百万円かけた太陽光発電で毎月の電気料が一万円安くなるのか？　二万円安くなるのか？　その元をとるには百ヶ月かかるのか五十ヶ月ですむのか？

でも、元をとった直後に壊れちゃったら何にもなりませんけどね。

「ところでコザカイさん、正月早々、何しにフォルクスワーゲンのディーラーになんか行ったの？」

さすが、中古車販売店の社長。ていうか、当然の疑問ですよね。

えっと、最近、山によくドライブに行くようになりまして、BMWじゃちょっと怖いかなーって。かといってレガシィは4ドアだけど、見た目がなんとなく代わり映えしないし……。ああまたか、みたいな目で私を見るのはやめて。病気だっていうのはよくわかっているんです。

「今度はSUVですか。そこに十年オチのパジェロイオありますよ。現金五十万円ポッキリでどうですか」

………。

「また飽きるかもしれないんですから、とりあえず乗ってみたらどうですか。もうローンもリースもこりごりでしょ」

おっしゃるとおりでした。十年オチの４ＷＤで、日常生活にもレジャーにもなんら不都合不具合はございません。

四人乗りで、時間はかかるけど高速道路で百キロもちゃんと出せます。加速が悪い分だけむしろ安全です。

冬のスキー場に行ってみてびっくりです。大型の本格的なＳＵＶで来てる人なんてほとんど見かけません。皆、ごくフツウの車です。

結局、ファッションで乗るのか、目的（レジャー）があって乗るのか？

目的のための手段としての車なら、お金をかけるべきは車ではなくレジャーそのものであるのは当然です。

では、ファッションとしては？

「新車のレガシィと中古のＢＭＷと十年オチのパジェロイオを乗り比べてどうでした？」

レガシィとBMWじゃ、自分で見た限りでは、中古のBMWのほうが惚れ惚れするよね。気のせいか高速道路での割り込みもBMWのほうが少ないかも。

パジェロイオは山歩き用の車と割り切っているから、ドロドロになっても気にならないし、割り込まれようとどうだろうと人の目なんか気にならないね。

「見た目重視なら、高級車の中古がお買い得でハッタリも効きますし、レジャー目的なら使えば使うほど傷むわけですから、それこそ中古車のほうが断然お買い得でしょう」

やっぱり次の車も中古車で十分！　かな。

「あのぉー、オジサンの苦労はよくわかりましたけど、結局、ボクはどうしたらいいんすかね」

おぉ！　甥っ子、どこに行ったのかと思ったよ。ダメだな、やっぱり車の話って、つい夢中になっちゃって……。

で、苦労はわかった⁉　あのさ、年寄りが若い者つかまえて苦労話か自慢話をしているみたいに言うのやめてくれない？

ローンやクレジットで車を買った後の注意点をリアルな実体験をもって話したつもりなんだけど。それを苦労話って。しかも、結局、自分がどうしたらいいのか参考にもならなかったのか。じゃあ、言うよ。

修理代を自分で用意できなかったから、売ることに抵抗はないわけだ。つまり、そこまでの車だったってわけだ。結婚も考えてるわけだしね。ただね、肝腎なことを忘れているよね。

その、売る決心をした車、いったい誰のお金で買った車なんだ？

そう、親の金、親に買ってもらったんだよね。

さて、その親に買ってもらった車を売ることになりました。その売ったお金は、いったい誰のお金でしょうか？

なに？　聞きたいのはそんなことじゃない？

今乗っているランクルを売ったら車がなくなるから、代わりの車をどうしたらいいかだって？　ランクルを売った車の代金で次の車を買ってもいいかだって？

だから、今言ったじゃねえか、その金は誰の金なんだ、って。

「じつは、それもあるんですけど……」

じつは……。じつはなに！　じつは結婚もしたいっていうんじゃねえだろうな！　おい
おい、金もないのに今度は結婚か？

CHAPTER 2

三十歳から保険に入りなさい

「そうなんす。オジサン、じつは、結婚したいんすけど……」

ああ、わが可愛い甥っ子君。やっぱりそうかい。結婚、いいじゃない。未婚率がかつてないほど高い現在、好きな人がいるなら一緒になったほうがいい。

でもね、「結婚したいんすけど」というのが、何年か前の「車欲しいんすけど」にとてもよく似た響きに聞こえるのは気のせいだろうか。

それで？　「結婚したいんすけど」の後にはどんな言葉が続くのかな？　あるいはそのセリフの前に何か言葉が入るのかな？

例えば、「お金がないのに」とか。

「さすが！　鋭い！　たった一言しゃべっただけなのにこっちの意図を察してしまうのを……なんていうんでしたっけ？」

そういうのを、洞察力っていうんだよ。そんなことも知らない、社会人三年目の甥っ子にさすがとか言われても全然嬉しくないよ。金もないのに結婚したい？　そういうことは親に相談するなりして勝手にどうぞ。以上、叔父としての相談終わり。あ、たったひとりの甥っ子だから、結婚式のご祝儀《しゅうぎ》は弾むね！

「いや、それはそうなんですけど、やっぱりほら、考え方というか、結婚したこの先のこととか、知っておかないと……」

こんなんでよく銀行員が務まっているもんだな、と思ってしまうのは厳しすぎる見方だろうか。これでこの先、融資係なんぞやれるのだろうか。

一度言っとくよ。鉄則といってもいいし、原理原則といってもいい。

お金がないのに何かを買いたい、やりたいときは、持っている自己資金の範囲内に収めるか、借金をするかの二つにひとつ。借金するのが嫌ならお金を貯めてからだ。

借金嫌いは出資を受けなさい

これがもし、会社経営だとしたら、三つ目の方法があります。自己資金だけでは足りない。かといってお金を貸してくれる銀行も見つからない。あるいは借金は可能な限りしたくない。それでもなんとかしたい場合の三つ目の方法、それは出資をしてもらうことです。

「結婚費用の出資をしてもらう？　いったい何を言ってるんすか？」

だから、譬え話として言っているんだ。

甥っ子である君は銀行員で、叔父の私は資金繰りのコンサルタントだ。

そういう前提での相談だろう？　ただの叔父と甥の話なら、金がないのに結婚したい？　親がいるんだし、親に出してもらったら？　三秒で終わる話だよ。

それとも、親が出してくれないから、叔父の私にお金を出してくれという相談かな？　それってつまり、資金繰りコンサルタントである私に、借金の申し込みをしたいということかな？

もしそうなら、貸すのはいいけど、返せるのかな？

これまで結婚資金を貯められなかったのに、借金を返すことはできるのかな？　サラリーマンの限られた給料の中からの借金返済は大変だ。気合と根性だけじゃ、どうにかなることとならないことがある。

結婚資金の借金を企業の事業資金の融資に譬えるなら、大まかに、建物や機械などの生産設備に投下する資金「設備資金」と、日々のビジネスを運営していくのに必要な資金「運転資金」に分けることができる。

新居に引っ越すための費用や家財道具を買うための資金は設備資金、結婚披露宴で足りない分に充てるのなら、運転資金というように考えればいいかな。

返済年数は、新居費用や家財道具は耐用年数が短いから五年返済で、結婚披露宴分は消費してしまう分だから三年返済といったところか。

さて、見積もりはどうなっているのかな？

それと、肝腎なのは返済計画だ。自分ひとりの給料の中から返済していこうと考えているのかな？　それとも結婚相手の収入も含めて返済計画を考えているのかな？

自分ひとりの給料からじゃ、返済するのはまず難しいといわざるを得ないな。これまで結婚費用を貯められなかったのでは、返せる根拠がない。

まして、結婚相手が専業主婦になるのであれば固定費が増えるわけだ。ますます資金繰りは厳しいものになる。

結論をいえば返せるあてもないわけだから、どうしても結婚したいのなら親にお金を出してもらうよりほかはない。

ただし、何度も言うが、返せるあてもないんだから、間違っても両親に対して「お金を貸してください」とは言わないことだ。

会社経営に譬えてみれば、資本金を出してもらう、つまり出資だ。

独身時代の今までを個人事業者に譬えてみれば、結婚することで会社経営に転換します、と。ついては、設備投資などかかりますから、出資の増額をお願いできませんか、みたいな感じだろう。

「はあ……。結婚費用のお願いが、出資のお願いですか……。出資というと、配当もしなきゃいけないんじゃないすか？」

いいカンしているね！

そうだな……。配当は、例えば孫の顔を見せるってことでいいんじゃないの？　それもできるだけ早く成果をお見せします！　ってさ。

お金がないのに結婚＝自己資金ゼロの独立

「しかし、甥からの結婚資金の相談を会社経営に譬えて答える叔父がいますかね……」

いや、ただの叔父と甥じゃないよ、経営コンサルタントの叔父と、銀行員の甥だからこそ、そういう譬えをしたんだ。だって、オマエの言っていることは、これから独立開業したいから融資してください、と申し込んでいるのと同じだろう。それも、自己資金はゼロで！

自己資金がまるっきりないのに独立開業したいから融資してくれ？

もし銀行の融資係だったとしたら、それってどうよ？

この譬えが厳しく聞こえるようだったら、まかり間違ってもこの先、脱サラなんかは考えないほうがいいだろうな。サラリーマンでも「自分経営」だの、「サラリーマン法人化」とか言われているわけだからさ。

で、次に気になるのは、さっき言った、結婚相手。つまり奥さんが専業主婦になった場合と共働きの場合の、税金関係なんかを知りたいんじゃないのかな？

結論からいうと、家庭を経営に譬えれば、資金面ではその収入は多ければ多いに越したことはないのは当然のことだよね。

問題なのは、家事に影響の少ない範囲で、いわゆるパートで働くことにしよう、という場合。

奥さんにパート収入がありすぎて、夫の扶養控除から外れ税金がかかってしまうのが心配ってわけだ。

税金の用語でいうと、配偶者控除と配偶者特別控除について。奥さんのパート収入が年間百三万円以下であれば、配偶者控除の三十八万円と配偶者特別控除三十八万円を合わせた七十六万円が控除される。夫の所得税の税率が仮に一〇%とすれば七万六千円税金が少なくなるというわけです。そこにさらに市県民税（住民税）も考慮すれば税負担はもっと少なくてすみます。

パート収入が百三万円を超えて百四十一万円までの場合は、配偶者控除は該当しなくなって配偶者特別控除だけ年収に応じて段階的に受けられる。

さあ、どうしますか？

悩ましいのは、百三万円をちょっと超してしまうとか、百四十一万円前後という場合で、ついあれこれ計算したくなってしまうよね。

もちろん、それら控除とは別に、奥さん自身にも所得税がかかってくるし、パート先で社会保険などにも加入させられるようになってしまうかも。

景気の良かった頃なら、パートで働いている奥さんが年末に近づくと勤務調整するケースもよくあったけど……。この不況のご時世に、控除の関係がありますから勤務調整してください、なんて言えるかねー。

奥さんの「隠れパート」はバレる!

控除の有無による税負担も気になるけど、もっと気になるのは大企業などで社員に対して家族手当が支給されている場合でしょうか。

もし、専業主婦対象に特別な手当が支給される企業の場合、奥さんがパートで働き始めると、当然、その手当はカットされることになります。

配偶者控除と特別控除の税負担軽減よりも、手当カットのダメージのほうが大きい場合も。

もっとも、ここ数年の不況で、そうした手当などは、すでにカットされていることも多いかもしれませんね。

で、こっそりと隠れて、奥さんにパートさせたくなる気持ちもわからなくはありませんが、残念ながらそれは会社にバレます。

夫である自分の勤務先ではあくまでも自主申告だから、奥さんを専業主婦であるかのように年末調整することは可能。その後、会社から居住地の市町村に、一年間に企業が支払った給料や報酬などの合計を個人別に集計した「源泉徴収票」が送られるわけですが、当然、奥さんのパート先からも奥さんの源泉徴収票が送られてきているから、その市町村に夫婦の源泉徴収票がそろった段階で、夫のほうの年末調整が間違っていますよ、ということが判明してしまうんです。

だいたい思いつきそうな裏技、抜け道なんていうのは、すぐにバレるような仕組みになっているってわけです。

ところが、大企業や中小企業でもちゃんとしているところじゃ考えられませんが、規模の小さい会社なら、抜け道がないわけじゃないんです。

社員の源泉徴収票というのは、雇い主である会社側が、自主的に、社員の居住する市町村に送付しています。役所の住所を調べ、わざわざ切手を貼って、ポストに投函しています。

やる側からすると正直言って面倒くさい。年末調整でさえ面倒くさいんです。

面倒くさいとどうなるのでしょうか？

送らない。

送らないとどうなるのでしょうか？

その社員は、給料がない、無職無収入ということになります。

市町村としては、住民の源泉徴収票が送られてきて初めて市県民税の納付書を送付できるのです。送られてこないからといって、わざわざ「あなたは無職なんですか？　どこかで働いてないんですか？」なんて問い合わせをしてくることはまずありません。

では、ある会社がある社員の源泉徴収票を意図的に送らなかった場合、どこかでバレることはあるんでしょうか？

ないんです。

いわゆる税務調査というのでバレることはないのでしょうか？

雇い主である会社側に税務調査が入ったとしても、社員の給料に関してチェックされるのは、年末調整を適正に行っていたかどうかだけ。

それに間違いがなければ、社員の居住地の市町村に源泉徴収票を送ったかどうかについてまで、税務署としては、よほどじゃなければ調べません。社員の給与支払にあたって企業が一定の税額を差し引いて預かり、それを税務署に納める「源泉所得税」がちゃんとしていれば。

まさに縦割り行政バンザイ！　ってやつです。

うっかりすると無職無収入！

源泉所得税でさえ、きちんと会社側で納めているかどうかについても、税務調査が入るまでは判明しません。

ということは、本当に間違っていた場合であろうと、脱税する意図で架空の給料を計上していたのであろうと、税務調査が入るまではバレません。

規模の小さい企業の場合、年末調整を自力で行えるところは少なくて、ほとんどが顧問税理士事務所にわざわざお金を支払って行っているのが現状です。できることなら、そんなよけいなお金を支払ってまでやりたくないのが人情ですよね。

架空の給料を計上するのは論外として、年末調整なんかせず、支払った給料と天引きした税金だけ記載した源泉徴収票を社員本人に渡して、あとは自分で市町村に申告するなり好きにして！　で、すませたいところです。

そして、わざわざ税金を支払うための申告なんかするかい！　って社員が知らんふりしたら、ハイ無職無収入のできあがり！


さて、そんなマネをした場合のデメリット、ツケはいつくるのでしょうか？

一番よくあるのが、銀行から住宅ローンの融資などを受ける際に、前年にどれくらいの収入を得たかを証明するため市町村発行の証書「所得証明書」の提出を求められたときに、証明書の交付が受けられない、ってことです。

自分の給料の源泉徴収票は勤務先からきちんと送ってもらって、住民税も納付していました。いざローンを借りようとしたら、自分の年収だけでは融資の規定に足りず、奥さんの収入を合算しようとしたら……あ、奥さんの源泉徴収票は送ってもらってなかった！

といったように、ツケは何らかの形でやってきます。

これと似たようなケースで、個人事業主が収入を低めに申告していたり、あるいは申告そのものをしていなかったりした場合のツケも、融資を受けようとした際に収入が足りません、という形で回ってくることになります。

結婚したら保険に入りなさい

今から二十年くらい前、私が社会人になった頃には、保険のことを考えたことなんかこれっぽっちもありませんでした。保険はおろか、人生設計？　将来設計？　何それ？　毎日毎日仕事を覚えるので精一杯。あとは週末に何をして遊ぶか？　その繰り返しでした。

保険に関しては、初月給をもらって明細を見たら、一万円くらい天引きされていたのを憶えています。

あ、そういや、親戚の保険のおばちゃんが来てどっかの病院に健康診断に連れていかれたっけ？　そんな程度で、保険の内容に関してなんぞ、何ひとつ憶えていません。

確か、自分が死んだら二千万円給付とか、入院したら一日五千円とかだったでしょうか……。

本人がよくわからない保険をいったい誰が加入させたのでしょうか？

私の親が親戚の保険のおばちゃんと話をすすめただけのことです。

保険って何？　オレのためじゃなく、家族のためなんですか？


さて、就職したての社会人に、保険は必要なのでしょうか？

もし病気で入院しちゃったらどうします？

万が一、亡くなったりしたらどうしましょう？


ここでいう、どうしようというのは、もちろんお金のことです。

病気で入院するとなったら入院費がかかります。もちろん一般的な会社勤めであれば、健康保険があるわけですから、自己負担は三割ですみます。もし重病で高額な医療費がかかることになった場合でも、後日還付にはなりますが、それまでの間は立て替えておかなければなりません。

若いうちは病気よりも遊びでケガをすることのほうが心配です。冬にスキーやスノボで骨折して会社を休んだ、なんていうのは今も昔も珍しくありません。

就職して間もないと、有給休暇の日数なんてたかが知れています。ことによったら給料カットにもなりかねません。

さあ、どうします？

給料カットだけならまだしも、世界同時不況のこのご時世に、社歴も浅いのに遊んでケガをして使いものにならないヤツなんてクビになっちゃうんじゃないですか？

さあ、どうしましょう？

勘違いしないでください。私は何も脅して保険をすすめているわけではありません。

私自身、二十代の頃には、自分がケガをしたり病気で入院するようなことになるなどと考えたことは一度もありませんでした。

学生時代からバイクでツーリングに行ったりもしましたし、自分で転んだり、車と接触したこともありました。しかし、幸い、無事でした。今振り返れば、たまたま、無事だっただけです。

こんな息子、親としたら心配でしょうがないでしょう。

だから、就職と同時に私を保険に入らせたのです。もちろん私本人の負担で、当然受取人は親です。

何かあって困るのは誰？　私？　私が困って誰に迷惑かけるのか。社会人になったばかりの頃の私です。迷惑をかけるのは当然親です。

困る人を考えて保険に入りなさい

独身の頃であれば、心配なのはケガと病気による入院です。ということは、最低でも加入しておいたほうがいいのは、ケガをした場合の保障と、病気やケガで入院した場合の保障が受けられる保険です。

保障はより大きいほうが安心ですが、大きな保障には当然掛け金である保険料も高くなります。

でも、給料はまだそんなに高くないはずですから、せいぜい掛け金が数千円から一万円程度までの保険ということになります。

問題は、万が一、自分が死んでしまったとき。

独身であれば、そんなときに困るのは自分ではなく親。その親がいなければ兄弟、兄弟もいなければ親戚……。要は、独身の自分が死んでも自分自身は困りようがないわけです。

じゃあ、せめて葬式代くらいの保障が出る保険には入っておいたほうがいいんじゃないの？　というだけのことです。

入っておくべき保険に関しては、自分が万が一のときに経済的に困る家族がいるかどうかによって変わってきます。

どんな保険がお得なのか？　どの保険商品が安いのか？　どの保険会社が安心なのか？の前に、ほんのちょっと冷静に自分と自分の身の回りのことを考えてみるのが保険選びをする上での大前提です。

二十年前の私であれば、困るのは私ではなく親。だから親が決めた保険内容で月々一万円程度、親が納得し安心するものであればいいだろう、という程度の認識でした。

ところが、結婚して家族ができるとそうもいきません。独身の頃は自分のことでありながら他人事であったのが、結婚するとホントに自分のことになるから大変です。

ではまず、生命保険の仕組みから勉強してみましょう。

とはいっても、私自身は保険の専門家ではないので、誰にでもわかるように少々大ざっぱなお勉強ですよ。

若者は高額の保険に入るな！

万が一亡くなった場合、○○円払いますよ――誰しもイメージする生命保険です。例えば、先の私の場合、毎月一万円の保険料の払い込みをしておくと、万が一のときは二千万円払います、という保険でした。

ここで誰もがうっすら思うはず。月々一万円の保険料で死んだら二千万円……。そんなことして保険会社は儲かるの？ 人間皆、いつかは死ぬじゃないですか⁉

当然の疑問です。期限も定めずに、年間十二万円の保険料で万が一の場合には必ず二千万円支払います、無期限で、なんて契約をしたら保険会社なんてどこもいつか必ず倒産してしまうでしょう。

なので、ある一定の期間内に亡くなった場合という条件をつけて保険会社と契約をするのが生命保険のよくあるパターン。これを定期保険といいます。

さて問題です。

二十歳の人と三十歳の人、十年以内に亡くなる確率はどちらが高いでしょうか？

誰しも三十の人のほうが高いと思っちゃうでしょうね。

医学的に、年齢が高くなればなるほど亡くなる可能性が高くなるのは当然です。保険会社では、年齢別に亡くなる確率を計算して、保険料を決め、販売しています。言い方は悪いですが、その期間内、加入者が無事だったら保険会社の勝ち、亡くなったら加入者の勝ちってわけです。

自分の命を賭の対象にするわけですが、普通に考えると年齢が高くなればなるほど掛金が上がっていかなければならないのではないでしょうか？

そのイメージを図にしてみたのが次のページです（図表1参照）。

年齢が上がるほど、亡くなる確率も上がっていくわけですから、本来、年々保険料は上がっていかなければいけないはずです。しかし、実際はいったん契約してしまうとその期間内に関してはずっと同じ保険料である場合がほとんど。

つまり、保険会社ではじつに複雑な計算をして、その期間内の保険料をならして支払えるように作っているわけです。

昔、保険は若いうちに入ると安くすむなどといわれていましたが、半分は正しく、半分は間違っています。

ある死亡保険への加入を四十歳までの期間限定で考えたら、二十歳か三十歳でスタートするのでは、そもそも亡くなる可能性が高い三十歳のほうが当然保険料は上がります。

二十歳でスタートすれば加入期間が二十年あるので二十年分にならして保険料を支払う

図表1 定期保険

定期保険は、「保険期間が定められ、かつ満期時の返戻金《へんれい》がない」という仕組みの保険です。一般的には、10年満期あるいは10年更新型、というように保険期間を短期に設定することで保険料を安くしている商品が数多く販売されています。

満期型は、満期がくれば保障はそこで終わることになりますが、新たに満期時年齢の保険料で更新を繰り返すことで、一定の年齢まで保障を継続できる商品も数多く販売されています。

更新型は途中で（10年ごとに）保険料が高くなりますが、その分最初は値段が安い、ということになります。よって、「必要な時期に、死亡保障をなるべく安いコストで必要なだけ確保する」という目的にかなった商品といえます。死亡保険のなかでもかなりポピュラーな保険です。

更新可能期間は保険会社によって違い、一定の年齢以降（80歳や85歳など）の更新はできなくなります。

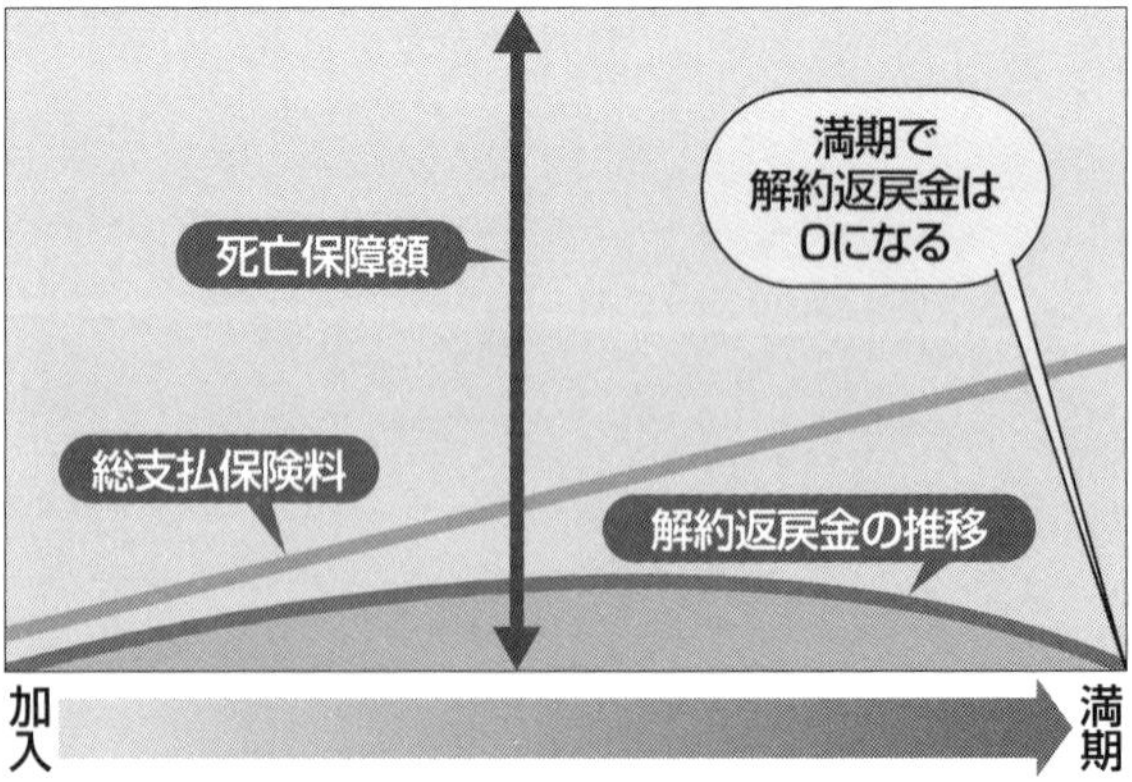

定期保険の解約返戻金の推移は山型を描いて満期にゼロとなります。期間が短い場合は山型の頂点も低く、ほとんど掛け捨てに近くなりますが、保険期間が長い場合は山型が高くなってピーク時に解約返戻金が発生します。

ことになり、毎月の支払いが少ない金額になるだけです。

加入期間内にならして払い込むようにしてあるので、当初の頃の保険料にはその期間内の将来の保険料も含まれていることになります。これが、解約返戻金のもとになっているわけです。

ところが契約の後半になると、その前払いした保険を充当していくことになるので、結局保険期間の最後まで無事だった場合の解約返戻金はゼロ！ということになります。

ということで、若いうちにあせって高額の保険になんか入らなくてもだいじょうぶです。自分の収入に応じて、保険を買い足していってもいいのですから。

え？　自分の妻と子供の将来が心配だから、自分に万が一のことがあったときのためにたくさんの保険に入っておきたい？

そういわれたらねぇ……。どうぞたくさんの保険にお入りくださいとしかいえなくなっちゃいます。

掛け捨てが一番安い！

定期保険の場合の死亡保険というのは、いわゆる「掛け捨て」です。言い方は悪いですが、期間を定め、保険会社と生か死かの命のギャンブルをするわけですから、期間内を無事生き抜けば保険料は戻ってきません。

保険料を会社ごとに比較する場合、この、期間を定めた掛け捨てタイプの死亡保険だけで比較するのがもっともわかりやすいでしょう。

でも、どうもわれわれはこの掛け捨てタイプに損な印象を持ってしまいがちです。

ただ、年齢によっては月々数千円で一千万円からの死亡保障を受けられたりします。万が一のギャンブルの掛け金としたらお安いものだと私は思いますけどね〜。

保険会社は、掛け捨て嫌いのアナタのために、ちゃんと「戻り」のある保険を用意しています。

親戚や知り合いの保険のおばちゃんに保険加入させられた方は今すぐ保険証券を見てみましょう。

あるいは、保険加入の話を聞いたときに見せられたカタログ（保険シミュレーション）を見てみましょう。

高額の死亡保険のグラフが、ある年齢のところでプッツリ切れていませんか？　それが定期保険の期間です。

その下に、エンドレスで続いているやや少なめのグラフはありませんか？

それが、終身保険（図表2参照）といって、掛け捨て大嫌いなアナタのための、必ず死亡保険金が支払われる保険です。

必ず支払われる保険！　やったー！　損しないんだ！

そういうアナタはぜひ、若いうちから終身保険に入りましょう。人間生きている限り、早いか遅いかだけでいつかは必ず亡くなります。終身保険であれば、掛け捨ては一切ありません。

ただし、同じ死亡保険金を得るために、定期保険では一千万円程度であれば月々五千円以下ですむことが多いのに対して、終身保険では桁が上がって数万円になります。

インターネットで終身保険を検索したところ、三十歳契約で六十歳払い込み満了時一千万円の終身保険は月々二万円程度からだそうです。

月々二万円で年間二十四万円だから三十年間で……。七百二十万円の支払になるわけです。でも、七十歳で死亡しても一千万円、八十歳で死亡しても一千万円……。もちろん、六十歳以前に亡くなっても一千万円の死亡保険金がおります。

さあ、お得でしょうか？

これを保険会社の立場から考えると、必ずいつかは支払わなければいけないわけですか

図表2 終身保険

一生涯の死亡保障を確保できるのが終身保険です。同時に、この保険は貯蓄性があるのが特徴です。そのため保険料がやや割高ですが、保障と同時に老後の備えとしても利用できるわけです。支払期間は、60歳・65歳など一定の時期に支払いを終了するもの（その後も死亡保障は継続）のほか、保障が必要な限り支払い続ける終身払い商品もあります。

人間はいつかは死亡しますので、終身保険の場合は保険会社は必ず死亡保険金を支払うことになります。そのために保険会社は支払うべきお金を積み立てて確保する必要が生じるため、途中で解約してもその積み立てたお金の一部が戻ることになります。それが貯蓄性を兼ね備えているという仕組みの理由です。

商品によって解約金の返戻率には違いがあり、例えば途中の解約金を少なく抑えることで、保険料を安くしているという商品もあります。

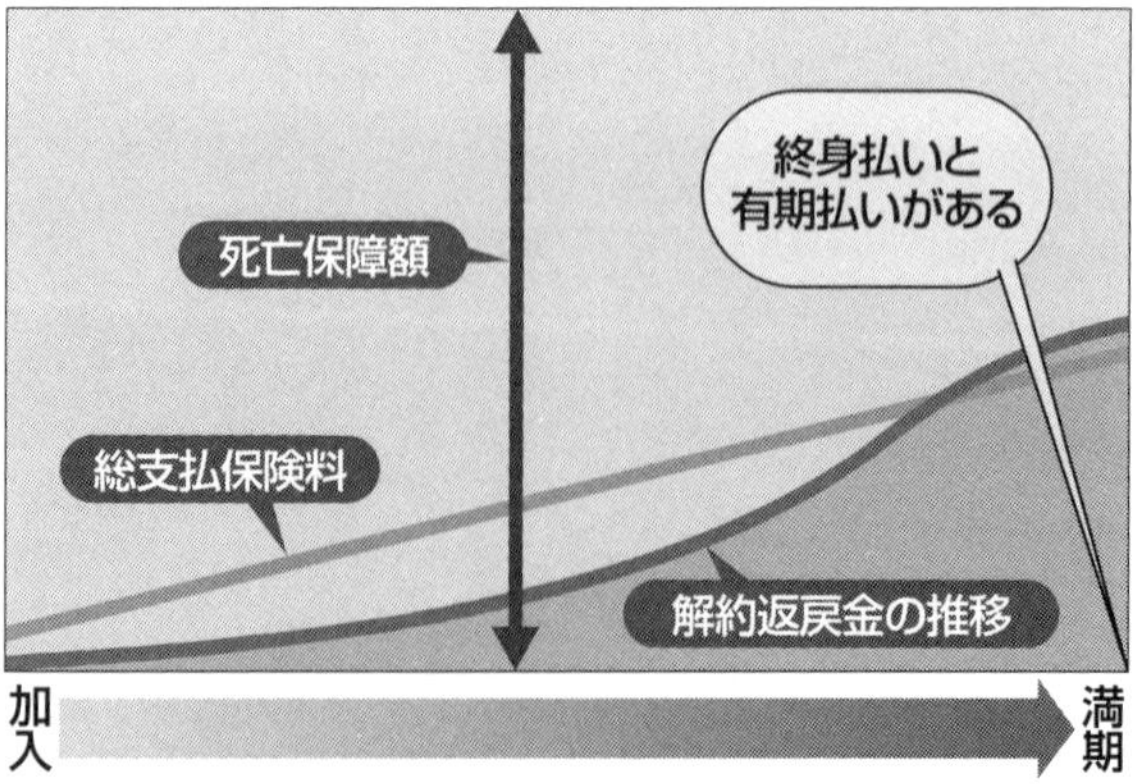

解約返戻金は、通常、支払ったお金の総額を超えるには長期間かかるので、長期的な視野での貯蓄とお考えください。とくに早期の解約は返戻率が非常に低くなりますので、長期間支払い続けられる保険料に設定することが大切です。

ら……おちおちその保険料は使えませんよね。いわば、保険期間の後半になればなるほど、預かっているお金を運用しているのと同じ状態になってしまいます。

よくある定期保険にセットのようにこの終身保険がくっついているのは、この終身保険料を解約返戻金として出すためです。

もし途中で客が解約した場合でも、あるいは定期保険の満了時には、これぐらい解約金が……。それって終身保険の払い戻しでしょう！　ってことです。

単純に、掛け金を安くしたいのなら、オプションなしのシンプルな契約が一番安上がりです。

保険はオプションなしで入りなさい

オプションなしの契約がいい……。この本のどこかで読んだなと気がついたアナタは鋭い！　そう、第一章の車の購入でも書いています。

保険の主契約を車輛本体価格とすると、終身保険とかナンチャラ特約というのはいわばセットオプションです。車に譬えたら純正オプションみたいなものです。

じつは売るほうからすると、単純な本体価格だけで他社比較するのが一番辛《つら》いし儲からない。

あれこれオプションをつけて素人には難解なものにして……。これってビジネスの鉄則かもしれませんね。

話を保険に戻しましょう。

先の三十歳から六十歳までの終身保険の場合だと、先になればなるほど、貯金と同じような感覚になりませんか？

毎月二万円を六十歳までの三十年間積み立てて、平均寿命の八十歳で受け取る……。六十歳からの二十年は掛け金総額七百二十万の投資運用で、一千万円との差額の二百八十万円が投資運用の結果……。これって効率が良いのか悪いのか。

投資元本から得られた利子などを追加投資して、投資元本を大きくしていく運用方法「複利運用」が思い当たった人はなかなか鋭いです。ぜひ、元金七百二十万円で二十年運用する場合の投資効果を計算してみましょう。

いずれにしても、保険でほんとに得するためには、お金のことだけを考えれば契約直後に死亡する場合がもっとも得なんです。

ということは、期間限定の死亡保険は純粋に死亡保険単体で、入院特約などのオプションはオプション単体で比較した上で加入を検討してみるといいでしょう。

中古車では諸費用から何から何までコミコミで買うのもいいでしょうが、保険のコミコミはあまりおすすめできませんね。

ん〜、やっぱり掛け捨てもちょっと嫌だし、かといって必ずもらえる終身というのも先の長すぎる話だし……。なんかもうちょっとピッタリくるのはないかしらというアナタ。ありますそんなアナタにピッタリの保険が！

保険積立で貯蓄を考えなさい

考え方のベースは費用対効果です。この場合の費用というのはいわゆる損益だけのことではなく、いくら支払ったかです。

車の場合は、いくらで買って、何年後にはいくらになってしまうのか。エコカーであれば、その乗っていた期間内にガソリン代がいくら節約できるのか？ ガソリン代が三分の一になるからといって、あと何年も乗れる車からわざわざ新車のエコカーに乗り換えますか？ ということを第一章で取り上げました。

とはいえ、車は合理性をどれほど主張しようと、とどのつまりは趣味です。本人が納得してさえいれば、どうぞお好きなようにしてください、で話は終わりです。

悩ましいのは本章の保険。誰しも自分に万が一のことがあるなんてことは考えたくもない。でも入っておかないと心配だし、かといって掛け捨てもなぁ……。ええい面倒だ。ならば、払い込んだ分だけ必ず戻ってくる保険を紹介しましょう。

その名を「養老保険」といいます。

例えば、自分が亡くなったときはやはり一千万円くらいは欲しい。期間はとりあえず十年で。ならばその保険料は十年で一千万円払いこんでください！　年間百万円です。その代わり、契約以後に万が一亡くなってしまった場合には、一年目でも九年目でも一千万の死亡保険金がおります。さあ、どうでしょう？

いやさすがに月に十万円近いお金を払い込むのは、と思う方もいるかもしれません。ならば、期間をさらに延ばすか、保障金額そのものをご予算に応じて下げましょう。

逆にいうと、月の予算に月数をかけたのが保険金の目安ということもできます。

契約後の早い段階では万が一のためのちょっとした保障として。後半に近づくほど貯蓄として、一石二鳥です。

いわゆる「子供保険」や「学資保険」などとして売られている保険商品は、この養老保険がベースになっていたりします。

子供が学校に上がる頃に満期を合わせて貯蓄するついでに保険に入っておきましょう、

というものです。

ちなみに、満期金を何に使おうが契約者ご本人の勝手です。

この養老保険を、保険会社の立場から考えてみましょう。払い込むほうからすると毎月貯金しているつもりでも、保険会社はそうはいきません。契約後の早い段階では立派な死亡保険です。

ということは、毎月支払う金額の中で、保険会社では純粋な保険料とそうでない部分とを分けておかなくてはいけません。その上で、払い込まれた掛け金を満期日まで運用して配当を付けなければいけません。

この景気の悪いご時世では、保険会社としてはけっこう辛い運用になるかもしれませんね。

さて、ある限られた期間内に、掛け捨てタイプの死亡保障の保険を選ぶか、元本保証の満期金があって保障も受けられるタイプを選ぶか？

どっちがいいかというよりは、どっちも必要でしょう。ある程度の保険金は掛け捨てタイプで、ある程度は長期的貯蓄をかねたタイプの保険で。

予算が月一万円であれば五千円は掛け捨てタイプの保険を探し、五千円は積立型（養老保険）で十年満期にしておくのが無難ではないでしょうか。

社名が長年同じ保険会社を選びなさい

保険の基本形は、定期保険と終身保険と養老保険の三つ。あとはこれらの複合です。例えば、先に書いた定期保険と終身保険がセットになっている保険は、定期付き終身保険（図表3参照）といいます。

ただし、保険の基本形はこの三つであっても、実際に販売されている商品名は保険会社によって多種多様なものがあります。

入ろうと思っている保険のベースが定期保険か、特約セットになっているのかなど、よくよく調べてみましょう。

で、次は保険会社選びといきたいところですが、残念ながら、私にもどの保険会社がいいのか見当もつきません。

でも、過去において、倒産した保険会社がいくつかあるのも事実です。

私の場合は、親戚のおばちゃんが勤めている日本の生命保険会社で何十年も昔からやっていて、名前が変わってない保険会社です。こう書くと、ピンとくる人もいるでしょう。

べつに、その親戚のおばちゃんの勤めている保険会社が安心だという根拠はありません。

図表3 養老保険

養老保険とは、「死亡保障額と満期受取金額が同額」の保険です。満期には満期金を受け取って保障が終了します。つまり、死亡保障と貯蓄の両方を兼ね備えた保険といえます。

昔はこの保険が保険商品の主流でしたが、高額保障を確保するには高額な保険料が必要となるため、現在は貯蓄を目的とした第二の保険として利用する場合がほとんどです。

また、まとまったお金を10年以上運用したい場合、一時払い商品として利用する方法もあります。

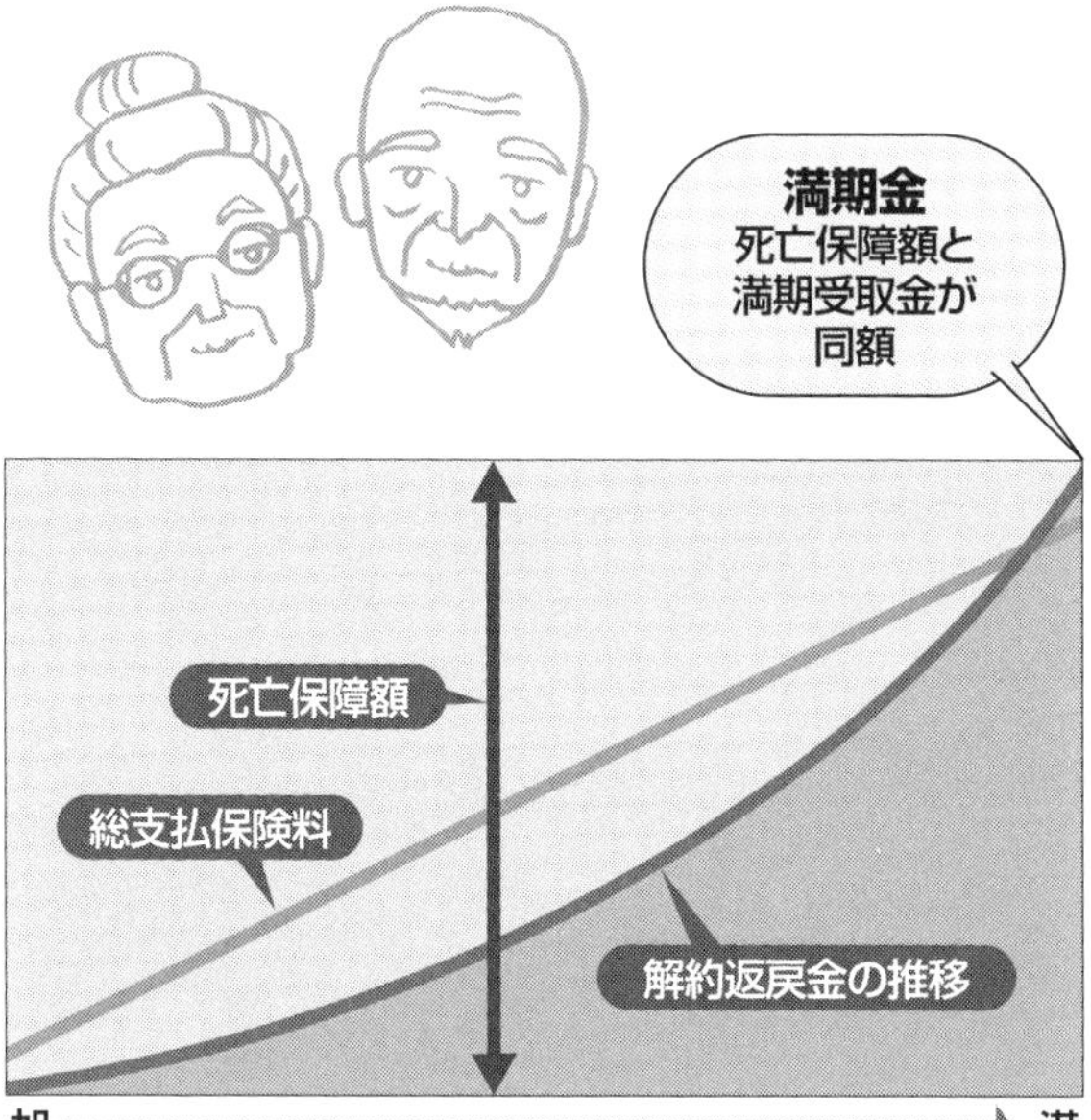

でも、バブル景気の前後から今まで、その保険会社の経営に関して不安になるようなニュースを耳にしたことは記憶にありません。

まあ、掛け捨てタイプの保険であれば、仮に保険会社の経営に何かあったにしても、しょせん掛け捨てです。

心配なのは、積立型の養老保険や終身保険の場合です。なにせ保険会社に運用をお任せするわけですから。

そういえば、昔、こんなことがありました。

ある生命保険会社が個人年金をかなり積極的に募集していました。個人年金というのは、長期間預けて、老後に受け取るわけですから、まさに貯蓄型の保険です。保険会社からすると、まさに預かったお金の運用ですから、その責任は重大です。

これを募集するにあたり、なんと銀行と手を組みました。

顧客銀行からまとまったお金を借りさせて、一括で保険会社の個人年金に加入させるのです。保険会社とすれば一括で入金してくれたほうが運用しやすいのはいうまでもありません。その運用効果に「絶対」はありませんが。

銀行としては、保険に入るための融資とはいえ融資に変わりはありませんから、金利収入になります。

では加入者のメリットは？

銀行に支払う金利と預けた保険金（この場合、個人年金）の配当の差額が儲けになります。要は月々の払い込みよりも一括払い込みのほうが配当が断然大きいということです。うまいことを考えました。目からウロコです。加入者、保険会社、銀行の三者ともにメリットがあります。

結果、どうなったか？

その保険会社と銀行、ともに倒産しました。今から十年くらい前の話です。

保険会社が倒産しちゃったので保険はパー。正確にいえば、戻りはいくらかはあったでしょう。でも、たとえ銀行が倒産したところで、借金までは消えません。借金（この場合、銀行融資）だけは残ります。

こういう保険会社はやめておきましょう。

なんで、わざわざ銀行から借金してまで保険に入らなきゃいけないの？　って思いませんか。

そういう素人の単純な疑問、けっこう大事だと思います。

名前がしょっちゅう変わる保険会社？　どうなんでしょうか。

海外じゃ超有名な保険会社？

オレ海外で暮らしているわけじゃねえし……。ていうか、調子悪くなったら日本からいなくなるんじゃねえの？　って思ったアナタ。

たぶんそのとおりでしょう。

受取人は一番困る人にしなさい

では本章の最後は、保険の三角関係についてです。

先に書いた、私が社会人になってすぐに入った親戚のおばちゃんの保険、受取人は私の親です。

です？　でしたじゃなく、です、です。

ええ、今現在も、社会人になってから二十数年たった現在も払い込み続けていますし、受取人は親、正確には母親のままです。

契約者は私。

被保険者、つまり保険の対象者は私。

保険受取人は結婚した現在も母親のままです。

フツウは結婚したら受取人を奥さんに切り替えるんじゃないか、と思われそうです。でも、私に万が一のことがあったときに困るのは、奥さんや子供だけじゃないんです。私の親だって、私がいなくなったらいったい誰が面倒を見てくれるのでしょう。

なので、それはそれ、これはこれ、少ない予算で別々の保険に入ればいい話です。

ここでいいたいのは、誰が契約者で、つまり誰がお金を払って、誰を対象にする保険で、受け取るのを誰にするのかを、よくよく考えましょうということです。

フツウに考えると、夫である自分が自分を対象にして保険に入る……。受取人はあえて指定しなければ法定相続人、つまり自分の妻や子に当然行くんだろうなあと考えたくなるのが人情です。

いいえ、違います。

この場合で、もし、結婚していて子供が生まれる前に亡くなったりした場合、法定相続人は妻と親になります。妻だけが受取人になれるわけではありませんし、親だけが受け取れるわけでもありません。

が、子供が生まれたとたん、親からすれば可愛い孫となりますが、その孫が誕生した瞬間から親は子の法定相続人から外れます。

さあ、ここで初めて法定相続人という言葉が出てきましたが、詳しくは第四章でも触れるとして話を先にすすめましょう。

ところが、ここで、契約者を奥さん、被保険者を夫である自分にして保険に入ったとしましょう。受取人は、契約者である奥さんです。

で、万が一のときはどうなるか？

当然、保険金は全額奥さんにいきます。

だったら、受取人を奥さんに指定すれば何の問題もないのではないか？　となりますが、自分で自分を被保険者にして受取人を指定すると、指定されなかった家族がいた場合、新たな問題が発生する場合があるのです。

奥さんが自分の収入の中から夫に保険を掛けておけば、それは自分が払い込んだ保険なのですから、自分が受け取ってもなんの問題もありません。

ただし、奥さんが専業主婦で収入がない場合は自分で払い込むことができません。当然、夫の給料の中から、贈与税の心配のない範囲内で、ということになります。

保険商品選びも気になるし、保険会社選びも心配です。これを選ぶにも調べるにも限界がありますが、契約者と被保険者と受取人をどうするかを考えるのにそう多くの知識は必要としません。

ちょっと、こんな場合はどうなるのかな？　と考えてみましょう。


「具合が悪くなりそうです」

ああ、じっと黙って聞いていたこれから結婚する甥っ子君！　まだ聞いてたんだ。

そういや、結婚資金の相談からの話だったね。

車を売ってお金にしたら？

マニアックな中古車に乗っているよね？

ランクルの70とか80とか？

二十年オチでもいい値がついているんだってね、それ、売れば？


「えー、そんなっ！」


聞くけど、社会人になってさあこれからっていうときに、マニアックな車を買うやついるかよ！

しかも就職祝いだとかなんだとかいって、結局は親に買ってもらったんじゃないの？

売って金にして結婚資金にしなさい！


「あれは買ってもらったんじゃなくてお金を借りて買ったって」

お、返してるの？　まさか出世払いだなんていうなよ。

でも、結婚もするんだし、ここではっきりさせといたほうがいいぜ。

買ってもらった車なのか、借りて買った車なのか。

買ってもらったなら、ありがとうとお礼を言えばそれでいいんだよ。その車を売って結婚資金にしたところで文句なんか言われんさ。

でも、いつか返すなんて強がりを言っていると……親としたらいつの日か、その返済を迫ってくるぜ、何らかの形で、ね。


なに？　さっきの出資と投資の話を親にどう話したらいいかわからない？

あ、そうか、君の親、つまりオレの兄貴は公務員なんだった！

民間の会社経営の用語も常識も通用しなかったっけ！

ええっと、役所の常識じゃなんて言ったらいいのかな……。損益と資金繰りを分けてないもんなー。

予算を作って全部消化するのがお役所の感覚だもんなぁ……。

じゃ、親を国に譬えたら、子であるキミは県だ。交付金の増額申請をしなさい。

CHAPTER 3

自分の年金は自分で作りなさい

「なんすかあのパジェロ⁉　ＢＭＷはどうしたんすか？」

ほんとに誰に似たのかね、その前置きなしでモノを言うトコロ。

「でも、どうしたんすか、表の駐車場にある、パジェロ……より一回り以上小さいですよね、アレ」

あれか、あれは山歩き用に買ったの。ほら、最近、アウトドアに凝りはじめたから。さすがにＢＭＷでダート走るわけにいかねえじゃん。それで……。

「また買ったんすか！」

またって言うな、またって。

株で儲かったから、それで買ったんだよ。

「株で！　株で儲かった？　株もやってるんすか？」

聞きたい？　話してもいいけど長くなるからさ、株の話の前に、年金の話からしなきゃいけないし。

「なんで株で儲かった話を聞くのに、年金の話になるんすか？　言っている意味がさっぱりわかりません！」

まぁ、聞きなって。まずは、前章からの流れで、叔父さんの保険運用の話から始めるよ。

アナタも私も保険貧乏!?

私の場合、社会人になると同時に、親戚のおばちゃんがすすめる保険に入ったきりの、そんな程度の保険運用です。

二十代から三十代中頃までは死亡保険二千万円から三千万円で、入院保障が日額五千円。結婚した三十代後半から今日までは、死亡保険五千万円で入院保障日額二万円、入院特約だけの保険が日額五千円。

支払ったお金は、二十代が毎月一万円平均で十年で百二十万円。三十代の十年が毎月二万円で二百四十万円。計三百六十万円は優に掛け捨て保険に支払ってきたことになります。

四十代の分も足せば四百万円はいくでしょう。

さて、二十数年間で四百万円もの保険を支払ってそのリターンは？

二十日間ほど入院したのが一回。

入院特約を二社から三十万円くらい受け取ったでしょうか。


チリも積もれば山となる。

たかが毎月数千円から一万円程度の保険でも、健康で無事だともったいないことになってしまうのは、なんとも皮肉です。

ちなみに、かつての私と同じような死亡保障を得るのにどれほどの保険料がかかるかをある保険会社のサイトで調べてみました。

二十二歳からの十年間を死亡保障三千万円だと毎月四千二百円で、三十二歳から十年間を五千万円の保障にすると、毎月八千百円になります。

二十年間の合計は、百四十七万六千円。

検索条件は、それぞれ十年間の定期保険で無配当。つまり、単純に掛け捨てで万が一の死亡保障を買う場合として。

私の入っている保険には入院特約以外にもあれこれ付随しているので単純な比較はできませんが、それにしてもけっこうな金額の違いになっていたようです。

もしかして、私は保険貧乏だったのかも……。

アナタも歳をとる!?

自分だけはケガもしないし病気にもならない……。一度でもケガや病気で入院したりするまでは皆誰しも思っているんじゃないでしょうか。

毎月給料から差し引かれている健康保険なんかも、毎月医者にもかからずに引かれてしまうのがもったいない気がしてしまいます。

年末に年末調整された源泉徴収票の社会保険の金額を見るたびに、国民健康保険の納付書が届くたびに、健康であればあるほど、つい、思ってしまいます。

自費診療で受けても、これほどかかってなかったよな、と。

もうひとつ、つい思ってしまうのが、年金です。

若い頃は、年金? 関係ねーよ! どうせオレらが払っている年金で今のお年寄りの年金を支払っているんだろ? オレらの頃には年金なんかあてにならねーよ!

などと思ってしまいがち。若いというのは恐ろしいものです。アナタも私も歳をとります。万が一のことが心配で掛けてきた保険のことを、ひょっとしてもっと効率のいい掛け方があったかなと思い始めた頃、自分も歳をとるんだと思い知らされる知らせが届いたのです。

決して気がついていなかったわけでもないし、忘れていたわけでもなかったんです。いつかどこかの役所から誰かが来て、「アナタ、年金に入りなさい！」って言われたら入ろうと思っていました。

会社（法人）を作ったら、社会保険と厚生年金に加入しなきゃいけないのも知っていました。でも、社員がいなければ未加入でも罰則がないのも知っていました。

いつか社会保険事務所から、「会社にしたなら社会保険に入りなさい！」と言われたら入ろうかと思っていました。

そうです、著書十冊、累計八十万部発行の実績を持つコンサルタントであるこの私は、つい先日まで年金未加入、未納だったのです！

なぜ、独立して八年も年金未加入だったのが、加入するにいたったのか？　そのきっかけは？

それが、「ねんきん特別便　年金記録のお知らせ」です。

ああ、これが、ニュースや新聞で騒いでいたねんきん特別便ってやつですね。私は転職二回だけだし、記録漏れなんかあろうはずもないよな……。うん、間違いない、日付も連続しているし……。

あ、独立してからの記録がない！　それもそのはず、国民年金に入った記憶がないんです。

歴史上、初めて年金記録が明らかに⁉

この「ねんきん特別便」には、社会保険に加入していた過去の職場名などが記載されていました。

でも、過去の職場がもし社会保険に加入していなかった場合には、当然記載されていません。

その社会保険に加入していなかった期間には、国民年金に加入していないと、期間が連続しないことになります。

私の場合は、社会人となってから独立するまでは社会保険に連続加入していたので未加入期間はありません。

二〇〇一年十一月末日で退職したきり、国民年金には未加入だったので、加入期間は二百二十四ヶ月で止まっています。

これを見た私の率直な感想は、「ふ〜ん……。で？」

考えてみれば、新聞やニュースで年金問題が大騒ぎされ、それで初めて加入者に届いた知らせが過去の職歴一覧です。

人からお金を預かっておいて、それも何十年もの長きにおいて有無をいわさずに預かっておいて、これまで何の通知も出していなかったというのですからお国のやることは恐ろしいものです。

社会人になってある程度の規模の会社に勤務すれば、有無をいわさず健康保険と厚生年金の社会保険料は差し引かれてしまいます。もちろん、雇用する会社としても好きで天引きしているわけではありません。社員の給料から差し引いた保険料とほぼ同額の負担をして、合計して納めているわけです。

でも、こんな仕組み、もちろん学校では教えてくれなかったし、当時私が勤めた銀行の新人研修でも教わったのかな……。私が憶えてないだけかな……。

私自身、社会保険の仕組みを身をもって学ぶことになったのはずっと後、税理士事務所に転職してからの話です。

ねんきん特別便。まずは過去の社保加入職歴と国保の加入期間をお知らせと確認して、肝腎なのはそこから先、いくら厚生年金保険料を支払っていたか……。

これだ、これが肝腎の一覧表だろう。

私はこれまで、給料から差し引かれた厚生年金の一覧表は社会保険庁からも勤務先の会社からも渡されないから、給料明細を保管しておきなさい、と言ってきました。

おそらく歴史上初めて、加入者に厚生年金の過去の払い込み記録が届けられたのです。

これを銀行に譬えたら、何十年にもわたって積み立て預金を預かっておきながら、残高を知らせていないのと同じことなんじゃないでしょうか？　何十年たって初めて、「これがアナタの預金残高です」と言われたようなものです。

さて、これをよく見て、過去の自分の給料と大幅な違いはないかよく確認しなさいと言われましても……。給料明細なんて保管してませーん！

せめて源泉徴収票くらい……。も、ない。

仮にあったとしても、ねんきん定期便に記載されている標準報酬額と実際の給料の総額とは一致しないから、確認できません。

だから、自分の過去の給料明細書を必死になって探したら……。あったんです。独立開業する前三ヶ月分の給料明細だけ、デスクの引き出しの奥の奥から見つかりました。

私が厚生年金に加入していた最後の三ヶ月間に関しては、ピタリと合っていました。それ以前の給料明細は保管していないため、自分で確認できません。

ちなみに、当時の私の給料が歩合制だったため、月ごとに額は上下していました。

しかし、社会保険料を給料に応じて毎月変化させるのは事務作業が煩雑になるからか、標準報酬といって一定の金額に定めているのです。

私の場合は社保加入最後の数年間は毎月三万円ほど年金保険料として差し引かれていましたが、ほぼ同じ金額を勤務先の会社が負担していたのです。

都合、いったいいくらの年金保険料になったのか。各年度に給料年計と納付年計を入れて、確認計算しやすいようにしてほしいものです。

年金は過去二年分しか支払えない！

私の場合、これまで自分が納付してきた厚生年金保険料は、延べ二百二十四ヶ月で約三百九十万円ですが、ほぼ同額を勤務先企業が負担してくれていたので合計で約七百八十万円になります。

さて、その七百八十万円の払い込みに対して、いったい私は老後にいくら年金がもらえるのでしょうか。

と、その前に気になったのは、ねんきん定期便のリーフレットに書いてあった、「年金受給資格」という言葉。

「老齢年金を受給するためには原則として二十五年以上の年金加入期間が必要です……」

二十五年というのは三百ヶ月。ということは、現在二百二十四ヶ月の私はまだ受給資格がない？

ワ、私は年金がもらえない？

『ハイ、ねんきん定期便専用ダイヤルの○○でございます』

あの、ねんきん定期便をいただいた者なんですけど、受給資格についてお尋ねしたいのですが……。ええ、現在加入期間二百二十四ヶ月なんですけど、受給資格が三百ヶ月ということは、このままだと私は年金がもらえないのでしょうか？

『……ハイ』

社保を脱退してもうすぐ八年くらいなんですけど、国民年金に加入してなかったんですが……。

『八年というと九十六ヶ月ですね……。すぐに国民年金に加入していれば三百二十ヶ月ですから、受給資格を満たしていらっしゃいましたね……』

なんとバカなことをしたんでしょうか。

独立開業したばかりで忙しく、わざわざ自分から加入の手続きに出向くヒマを惜しんで……。

国民年金の年額は約十六万から十七万円、八年分で百三十万円のに。その加入の手間と金を惜しんで、約七百八十万円もの納付をパーにするところでした！

払います！　今すぐ八年分！　いや、税金の時効は七年？　今から納められるのは七年分ですか？　それでもいいです！　今すぐ払います！

『リーフレットの受給資格のすぐ上に書いてありますように、年金は二年を過ぎると時効で納められなくなります。ですので今から遡れるのは二年分だけになります……』

ガーン！

年金は税金とは違うんだ！　ずっと税金みたいな感覚でいたけど、税金じゃないんだ！税金だったら、税務署は納税者が遡って税金を納めるといったら、喜んで受け取ってくれるのに……。

なんということだ。

資金繰りコンサルタントとして、銀行融資や決算書の見方について偉そうにいっておきながら、自分の資金繰りに関してはこの有様です。

まさか、自分が過去に八百万円近くの厚生年金保険料を支払っていたなんて……。想像すらしたことがありませんでした。払えば払った分だけ、それに見合うだけのリターン（支給）はあるだろうと。積立タイプの保険を中途解約したって、掛けた分の何割かは戻ってくるだろうに。

で、払った上で、私の年金はいくらになるんだい？

早速、社会保険庁のサイトで検索。

ねんきん定期便を見ながら、まず生年月日を入力。厚生年金期間と平均給与月額を入れて、六十歳までの期間は国民年金加入と……。

六十五歳から私がもらえる年金は、毎年百十四万円です！

ってことは、月十万円にもならない？　これっぽっち？

ちなみに八十歳までの年金額合計は千八百二十四万円。ん〜、多いのか少ないのか……。

では、その支給年金に対する投資額はいくらになるのか？

厚生年金時代の七百八十万円に、六十歳まで約十五年間、毎年約十八万円の国民年金保険料を支払うとすると、通算四十年で合計千五十万円に。

千五十万円に対して、六十五歳から八十歳まで生きたとして約千八百万円のリターンが得られるわけです。

これって、どうなんでしょう？

どうもこうもありません。足りなきゃ自分で増やせるように努力しなさい、ってことです。

予想される自分の老後の年金が少ないなら、掛け金を自分で増やそうと……言われるまでもなく当然のことですよね。

ここで、念のために確認しておきましょう。私のようにわかっているつもりでいても、わかっていない方もいらっしゃるかもしれません。

年金というのは、それが国民年金であっても厚生年金であっても、税金のようで税金ではありません。確かに、法律で加入が義務づけられていて、税金のように錯覚をしてしまいますが、あくまでも自分自身のための年金保険、まさに国営の保険なんです。

掛けた人が、掛けた分に応じてもらえるような仕組みになっているんです。足りない？　なら掛け金を増やしてください、ってことです。

ただし、後から過去に遡ることはできませんから、払い込み期間には十分注意してくださいね。

私がこれから自分の年金を増やすためにできることは、経営している自分の会社で社会保険に加入することです。

では、これから一般サラリーマンと同じように厚生年金に加入したらどうなるのかをシミュレーションしてみましょう。

仮に、六十歳までの十五年間を月給五十万円とすると……。六十五歳からの年金は百七十二万円！　これだと一ヶ月十五万円弱……。前項より五万円もアップします。

八十歳まで受給できた場合は、二千七百五十二万円！　九百万円も増えます！

では、気になる厚生年金保険料はというと？

会社員の場合、健康保険や厚生年金の保険料を算出するために便宜的に作った報酬のランク、「保険料額表」（図表4参照）というものがあります。月給五十万円の場合、この標準報酬月額の等級26に該当し、厚生年金保険料は七万八千五百二十円となります（平成二十一年九月現在）。それを私の会社と私個人が半々ずつ負担します。

七万八千五百二十円の負担を約十五年間ですから、計千四百十万円！

既に払ってあった七百八十万円と合わせると二千百九十万円になります。

国民年金を払い込みした場合との差額は、千百四十万円にもなるわけですから、もらえる年金が多くなるのも当然です。

では、投資効果はどうか？

前項の場合だと、八十歳まで受給できた場合だと九百六十万円の払い込みに対して約千八百万円ですから、倍率一・七一倍です。

厚生年金に月給五十万円で加入した場合、払い込み総額二千百八十万円に対して二千七百五十万円ですから、一・二五倍……。アラ⁉　払い込みが多くなると、投資効果は下がってしまいました。

さて、私はどうしたらいいでしょう？

そんなこと、知りませんよね。

では、アナタだったら、どうしますか？

図表4 一般の被保険者の2009年9月分からの厚生年金保険の保険料額表

標準報酬			報酬月額	一般の被保険者 厚生年金保険料率 15.704%	
等級	月額	日額		全額	折半額
1	98,000	3,270	～ 101,000	15,389.92	7,694.96
2	104,000	3,470	101,000 ～ 107,000	16,332.16	8,166.08
3	110,000	3,670	107,000 ～ 114,000	17,274.40	8,637.20
4	118,000	3,930	114,000 ～ 122,000	18,530.72	9,265.36
5	126,000	4,200	122,000 ～ 130,000	19,787.04	9,893.52
6	134,000	4,470	130,000 ～ 138,000	21,043.36	10,521.68
7	142,000	4,730	138,000 ～ 146,000	22,299.68	11,149.84
8	150,000	5,000	146,000 ～ 155,000	23,556.00	11,778.00
9	160,000	5,330	155,000 ～ 165,000	25,126.40	12,563.20
10	170,000	5,670	165,000 ～ 175,000	26,696.80	13,348.40
11	180,000	6,000	175,000 ～ 185,000	28,267.20	14,133.60
12	190,000	6,330	185,000 ～ 195,000	29,837.60	14,918.80
13	200,000	6,670	195,000 ～ 210,000	31,408.00	15,704.00
14	220,000	7,330	210,000 ～ 230,000	34,548.80	17,274.40
15	240,000	8,000	230,000 ～ 250,000	37,689.60	18,844.80
16	260,000	8,670	250,000 ～ 270,000	40,830.40	20,415.20
17	280,000	9,330	270,000 ～ 290,000	43,971.20	21,985.60
18	300,000	10,000	290,000 ～ 310,000	47,112.00	23,556.00
19	320,000	10,670	310,000 ～ 330,000	50,252.80	25,126.40
20	340,000	11,330	330,000 ～ 350,000	53,393.60	26,696.80
21	360,000	12,000	350,000 ～ 370,000	56,534.40	28,267.20
22	380,000	12,670	370,000 ～ 395,000	59,675.20	29,837.60
23	410,000	13,670	395,000 ～ 425,000	64,386.40	32,193.20
24	440,000	14,670	425,000 ～ 455,000	69,097.60	34,548.80
25	470,000	15,670	455,000 ～ 485,000	73,808.80	36,904.40
26	500,000	16,670	485,000 ～ 515,000	78,520.00	39,260.00
27	530,000	17,670	515,000 ～ 545,000	83,231.20	41,615.60
28	560,000	18,670	545,000 ～ 575,000	87,942.40	43,971.20
29	590,000	19,670	575,000 ～ 605,000	92,653.60	46,326.80
30	620,000	20,670	605,000 ～	97,364.80	48,682.40

(単位:円)

個人年金の積立は四十歳までに始めなさい

今私は四十五歳です。十五年前、八年前に独立した頃でさえ、私は自分が歳をとってからのことなど、これっぽっちも考えていませんでした。

自分自身を題材にしたこの本を書くにあたり、調べてみて愕然としたわけです。

このまま国民年金か、厚生年金に加入するかはひとまずおいて、足りない老後資金を国に頼らずに民間でなんとかする方法を調べてみようじゃありませんか。

それが、いわゆる「個人年金」という保険です。

前章で触れた保険の基本形の三つのうちのひとつ、養老保険の一種です。

一言でいうと、長い期間をかけて積立をして、ある年齢になったら利息（配当）がついて払い戻される保険です。

この、長い期間をかけて積立をするというのがミソです。予算に応じてコツコツと何年も、あるいは何十年も払い込むことによって、より配当が多くなり、受け取る金額も多くなりますよ、ということです。

早速、私の実年齢で調べました。

結論からいいますと、六十歳から受け取れるように積み立てるには、どうやら私の年齢ではギリギリのようです。

定期保険や終身保険だとネットで簡単に検索できたのが、個人年金保険だとそう多くは見つかりませんでした。

私が生命保険に加入している親戚のおばちゃんの保険会社にいたっては、個人年金保険料の積立が開始できる年齢はなんと四十歳まででした。

私が加入できる数少ない個人年金保険では、積立額の一〇四％前後の払い戻し率。十五年間掛けて、六十歳から五年間受け取る場合は、掛けた分にプラス四％程度の配当がつくという意味です。

私が、例えば公的年金が受給されるまでの六十五歳以前の五年間に、年間百八十万円の自分の年金を作りたい場合は、これから毎月約四万八千円の払い込みを十五年間続ける必要があるようです。

とはいえ、投資効果でいえば、どうやら民間の年金保険よりも、国営年金のほうが効果は高そうです。それが国民年金であっても厚生年金であっても。

どこがお得か比較してみたいと思いましたが、民間保険会社で公的年金ほど長期受給できる個人年金は見つけることができませんでした。

やれ消えた年金記録だ、保険料を使いこんでいるんじゃないか……。いろいろ騒がれてはいますが、とりあえずは国営保険のほうが投資効果は高いかもしれません。

倒産の可能性からいえば、国営のほうが低いのは当たり前。

騒がれてはいるし、なんとなく癪にさわるけど、やっぱり厚生年金に入っていようかしら～。

どうせ足りなくなったら、税金で補填することになるんでしょうしね！

年金を自分で作りなさい

長生きするのも楽じゃないらしいです。

自分が病気で働けなくなったときのことなんか考えたくもないし、まして万が一のときのことなんか想像したくもありません。

さりとて、健康で長生きした老後を考えてみても、これまた大変そう……。

そういえば十五年前に死んだ親父が言っていました。「ちゃんと厚生年金に入っておいたほうがいいぞ」。お袋も言っていました。「お父さんの厚生年金のおかげでこうして遺族年金がもらえている」

お父さん、お母さん、ごめんなさい。息子はあなた方の言いつけを守りませんでした。

さあて、しょうがない。

私は会社とは名ばかりの個人事業主みたいなものです。その個人事業主のための国民年金にすら加入するのを忘れていました。

それなら自分で作ってやろうじゃありませんか。自分自身の年金を！

もちろん、これから国民年金に二年間遡って加入するし、厚生年金にも加入しましょう。

それでも、長生きした場合の資金が不足していることに変わりはありません。

その不足分を、個人年金で用意しようと調べてみても、どうやら貯蓄するのとあまり変わりはなさそうです。

第一、掛け捨て保険なら保険会社に万が一のことがあってもあきらめがつきますが、個人年金資金を預けておいて、また世界不況など起こったら目も当てられません。

結局、保険会社等にお金を預けることは、そのお金を運用してもらうということにほかならないのです。

運用って何？

それは、「株」でしょう。人にお金を預けて株式投資をしてもらうことなんです。

後で上がった、下がったといわれても、納得できません。ならば、いっそ自分でやってみようじゃありませんか！

まず自分でやってみて、それから改めてお任せするかどうか考えましょう。さあ、私自身による株式投資入門の始まり始まりです。

たった半年で二百三十五万円の儲け！

私の著書は、ほぼ実話です。そのまま載せるには支障のある部分に多少手を加えてはいるものの、すべて実際の出来事を書いています。そこに、こういう場合はこうしたほうがいい、こう考えたほうがいいと、書き加えているわけです。

本章のここから先は、まさに私自身の株式投資ドキュメンタリーです。大前提として、こと株式投資に関してはこうしたほうがいいなどといえません。なぜなら、私自身がいまだによくわからないからです。

株式投資を始めるにあたって、それこそ株式入門という本を何十冊も手当たり次第に読み漁りました。

投資につきものの会計や税金の用語についても、もちろん熟知していると自任しておりました。

でも、とにもかくにも、株式用語というものがどうにも頭に入ってきません。チャート？　罫線？　ゴールデンクロス？　ＰＥＲ？　さっぱりわかりません……。

要は商売の基本は買って売って儲けりゃいいんでしょ。よし、買っちゃいましょう！

買ってみて、それから考えればいいんです。

その元手となる資金は一千万円です。

長い期間で見ると二割三割上下することもあるようですし……。それこそ二〇〇八年秋の世界同時不況の頃は、日経平均株価は倍近く下がったわけですし……。

一千万円投資して半分になったらかなり痛いです。そうなる前にやめたいし。やめられるかどうか、ちょっとだけ不安ですけど。

こうして二〇〇九年二月にスタートした株式投資での自分年金作りですが、結論からいいましょう。

およそ半年間で二百三十五万円の利益が出ました。

それも、実際に株式購入に回したお金は一千万円のうちの約七割ほどです。七百三十五万円の投資で二百三十五万円の儲けです！　どうです？　半年で、ですよ！　投資金額に対する利益の割合、「利回り」は三二％ですよ！

さあ、みんな、株をやろう！

ネットで投資体験をしなさい

私は「Ｙａｈｏｏ！ファイナンス」というＷｅｂサイトで、自分だけの株式投資記録を作りました。これを「ポートフォリオ」というらしいです。

株式銘柄と購入価格を自分で登録すると、毎日好きなときに、自分の買った銘柄がいくらになっているのか確認できます。

サイトの利用料は、無料です。実際に買わなくても、登録して利用できます。

株式投資入門の一歩目はこのYahoo!ファイナンスで、買ったつもりでポートフォリオから始めましょう！

私のように、株式入門をあれこれ読んでもよくわからなかった方におすすめします。いきなり株を買っちゃうのも不安だし、さりとて金融商品の案内を見てもよくわからない方、今すぐやってみましょう。

でも、私の場合は逆でした。先に買ってから、このサイトを見つけました。実際に証券会社で買った記録が図表5です。

証券会社に購入の注文を出して、取引が成立した四日後くらいにハガキで届きます。

これは、二〇〇九年二月中旬から三月上旬にかけて、購入した株の記録です。もし、引き続き株式を持っていたならば……。先ほどのYahoo!ファイナンスの表を見ました。なんと二百三十五万円ほどの値上がりをしていたんですねー。

値上がりをしている……。もしこれらの株を売りに出したならば、これくらいの実際の

図表5 取引報告書（抜粋）

[約定日] 21年2月13日
[取扱店]仙台支店

銘柄名	単価	数量	約定金額	消費税等 / 手数料
上場インデックスファンド225	100	7950	795000	457 / 9142
住友金属鉱山	1000	983	983000	565 / 11304
トヨタ自動車	1000	3090	3090000	1458 / 29175
三菱商事	1000	1296	1296000	708 / 14164
三菱UFJフィナンシャル・グループ	1000	473	473000	271 / 5439
以　上			6637000	72683

[受渡日] 21年2月18日

お客様のお支払金額
6709683

値段がついていますよ、という意味です。

つまり、所有している株に値上がり益が含まれている。これを「含み益」といいます。別に「評価益」という言い方もあります。

私の場合、株式投資は会社名義で行いました。ということは、私の会社の決算書にこの株式投資の金額を計上しなければいけません。買った値段で計上します。

よって七百三十五万円で計上しますが、もし決算時期を迎えた場合は、二百三十五万円の評価益を計上することもできます。もちろん、私の会社は中小企業ですから、そんな評価益の計上などしませんし、する義務もありません。

ちなみに含み益や評価益の反対は？　そう、「含み損」とか、「評価損」といいます。

これらの用語は株式投資だけでなく、不動産投資や在庫などでも使われます。

決算期末に株価は上がる⁉

「どうします？　ここで利益確定しておきましょうか？」

私の株式相場への偏見というか思い込みのひとつに、決算期末は相場が上がる……というものがあります。

正確にいえば、上がるんじゃないかな、と勝手に私が思っているだけです。なぜ決算期末に株式相場が上がると思うのか？

そりゃ、大企業で株式投資をしていて、決算期末に株価が下がったら困るじゃないですか。

なので、どこの誰かはわかりませんが、「買いに入る」のじゃないのかな、と。決算期が終わったあとは、売られちゃって下がるのではないかな、と。下がるのは嫌だから、その前に売っちゃいましょう……。こんな感覚でしかありませんでした。

私の株式投資の第一四半期「冬」の投資結果は、七百三十五万円の投資に対し、五十九万円の儲けでした。

ちなみに、所有したままの住友鉱山株は、三月末日では五万四千円ほどの含み損ということになります。

つまり、証券会社に預けてある九百六十万円のお金と保有したままの住友鉱山株九十九万円ほどが、〇九年三月末の私の投資状況です。

合計すると一千五十九万円ですけど、含み損が五万四千円……。さて私は五十九万円儲かったと言っていいのでしょうか？ それとも含み損を差し引いた五十三万六千円でしょうか？

株を買うと新聞が手放せない！

さて、四月になって、改めて株を買わねばなりません。自分の年金作りのための投資ですから、買わなければ投資にはなりません。

とはいうものの日経平均が九千円を超えたかどうかというのが○九年の春先です。怖くて一気に買いにいけませんでした。つい一ヶ月前の三月上旬には七千円台前半です。またガタガタッと下がるんじゃないかと思うとおっかなびっくりです。

買ってから売るわけですから、下がったときに買いたい。でももっと下がるんじゃないかと思うと怖い。

買った株は忘れなさい、と私はつねづねいってきています。でも、実際には忘れられないものです。

Ｙａｈｏｏ！ファイナンスのポートフォリオを毎日チェックして、それでは足りずに、自分で投資手帳まで書いてます。

春先は、夏に向けての仕込みの時期です。夏に向けて、日本経済は復活するのではないか、という根拠のない展望を持っていました。

ですので、株式売買益は八万五千円のみ。

口座残高は五十五万円まで減らして、一千万円以上を株式購入にむけました。

自分年金作りファンド（運用資金）の第二四半期（四月〜六月）は、八万五千円利益が増えて六十七万五千円の累積利益です。

五月末に購入してたった一ヶ月で五十七万円の含み益です！　どうです？　すごくないですか？　合計すると百万円を超える利益ですよ。

もう六月なんて、毎日Ｙａｈｏｏ！ファイナンスを見て一喜一憂です。

毎朝、地元新聞と日経新聞を一面から読みます。

以前はテレビ番組表や社会面から読んでいたのが、一面から見るんです。それまでも、銀行に関する記事や中小企業に関する記事は見るようにしていましたけど、株式関係は一切見ていませんでした。変われば変わるもんです。

選挙前に株価は上がる⁉

そして、〇九年夏。いよいよ総選挙です。

私の株式相場に対する偏見と思い込みのもうひとつに、選挙前は上がる！　というのもあります。さらに、選挙結果によっては下がる！　という偏見も。

いつだ、いつが総選挙なんだ？

毎日ニュースは欠かさず見ます。

でも、それどころじゃなくなってしまったんです。自分の仕事が忙しくって。

この〇九年七月は、株価チェックどころじゃなくなってしまいました。

七月の私の株式手帳は真っ白です。買った株を忘れちゃいました。

そうこうしているうちに八月になっていました。

気がついたら、世の中は総選挙一色です。ひょっとしたら政権交代が起こるかも？　しかも選挙期間が四十日間という、現行憲法規定限界の長期戦でした。

政権交代が起こったら株価はどうなるのでしょうか？　マーケットはどちらに評価するの？

わかんないから高値のうちに売っちゃいました。それも小刻みに。

投資していた一千万円のうち、七割を選挙結果の出る前に売ってしまいました。

選挙結果は政権交代！

それがどう経済に影響するのか見当もつかなかったので、九月いっぱいは様子見です。

九月は本業の資金繰り相談が集中する時期で、投資どころじゃありませんでした。

この夏の第三四半期（七月～九月）の投資結果は、五十三万円ほどの利益です。これでトータル百二十万円ほどの利益になりました。

売らずに所有していた三百三十万円ほどの株の含み益は四十七万円近くありました。

この結果って儲かってます？

九月末現在で、百二十万円儲かったっていって、いいんですか？

あるいは含み益も含めて、百七十万円近く儲かっている、といってもいいでしょうか？

でも、二月に買ったまま、売ったり買ったりしなければ、二百三十万の含み益だったのに……。どっちが良かったんでしょうか。

証券マンの売買勧誘の狙いはカネ！

私の株式投資では、証券会社の支店に法人で口座を開きました。その上で、担当者の方と電話で売ったり買ったりの注文を行う方法です。

株式銘柄の選び方の根拠は？

新聞記事を読んで、自分が少しでも理解できそうな業界の株と、証券マンのオススメの株の、大まかにいってこの二つの見地からです。それと、日経平均に連動するような銘柄を買いました。

自分が理解できそうなのは、銀行業界と自動車業界です。

銀行業界は自分がよくわかるが故に怖くて、単価の小さい銘柄を。三菱東京ＵＦＪ銀行の株を買いました。都市銀行がいくつも合体した銀行です。いろんな要素が含まれていて興味が持てそうだと思って。

自動車業界はトヨタ自動車。まさに世界のトヨタです。世界同時不況の影響で赤字だといわれながらも、すぐにハイブリッド車の大ヒットを飛ばしました。

単価が大きいのであまり値動きは激しくありませんが、上がったときも下がったときも影響が大きいです。

後は、証券会社の営業マンのオススメです。

私は、正直に聞きました。

何かオススメはありませんか？　もちろんその結果については、あくまでも私の自己責任です。

売り買いのタイミングは、もう証券マンの言いなりです。なにせ、こちらがどうしようかな～と思っているのを見透かすように、「そろそろいかがですか？」と朝イチに電話をくれるんです。

ずいぶん親切な証券マンだなって？

いえいえ、証券マンは、売買手数料を得る目的もあって、電話をくれるのです。

さて、私は百二十万円の利益をとることができましたが、証券会社の利益はいくらだったのでしょうか？

この秋までの、証券会社への売買手数料は五十三万円です！

証券会社の手数料は、私が売ったり買ったりした株の取引総額にかかるのです。私に利益が出ようと損しようと関係ないんです。買うのに手数料、売るのにも手数料がかかります。

ネットで取引すれば手数料が少なくて済むのはわかっていました。でも、パソコンで取引するのはどうにも不安……。私のパソコンはしょっちゅう故障しますし。

何が不安で何が信用できないといったら、それは自分自身です。ならば、せっかく電話もくれるんだから、あれこれ聞きながら、自分で判断して取引しよう！　と思ったわけです。

株の売買はなんとなく決めなさい

株式取引でいまだに納得できないのが、持っていない株を売れるというルールです。いわゆるカラ売りというやつです。

売買の基本は買うのが最初なんじゃないですか？　買ってもいない、持ってもいない株を売ってもいいのですか？

私はこの単純な疑問からいまだに抜け出せないでいます。

ルールでは、期間を定めて買い戻して精算すればいい、ということになっているようなんです。売ってから買い戻すということは、当然儲けを狙うわけですから、先に売る人は、将来の値下がりを狙っているというわけです。

モノの値段というのは、需要と供給のバランスです。売りが多くなれば値は下がります。つまり、世の中には、株価の上昇を期待する人だけでなく、値下がりを期待するどころか意図する人もいるってわけです。

もう、わけがわかりません！

私の理解力のキャパシティを超えています。

毎日、自分の買った株の取引内容を見たり新聞を見たところで、なぜ上がったのか下がったのか皆目見当もつけられませんでした。

もうひとつ納得いかないのが、お金を借りてまで株を買うことができるということ。そりゃあ、借金して株をやろうと何をやろうと人の勝手です。

それを短期間ではありますが、信用取引といって証券会社がお金を貸して株を買わせる仕組みがあるんです。

仮に、三割の取引の担保となる「証拠金」で、七割を借金で株を買った場合、精算の前に値下がりなんかしたら追加でお金を入れなきゃいけません。

大暴落なんかしたら大変な損失になるでしょう。

これ以外にも、じつにたくさんのルールが存在します。人がどういおうと、読んだ本にどう書いてあろうと、自分がなじめないなと思ったら、取引するのはやめときましょう。

私のルールは自分の経験と許される時間の範囲内で、なんとなく、安いかな〜と思ったら買い、そろそろ高いかな〜と思ったら売ります。あくまでも、なんとなく、です。結果的に見れば、その低いときに買って、それこそ持ったまま忘れていたほうが上がっていくのはわかります。

が、それじゃ、投資をやっている気がしないじゃないですか。

そう、あくまでも、自分で売ったり買ったりしながら、儲けを出していきたい……。これが今のところの私のルールです。

振り返ってみれば、〇九年三月から十月までの株式相場はずっと上がりっぱなし。ああでもない、こうでもないといわず、日経平均が七千円くらいのときに日経平均株価との連動を目指した「上場インデックスファンド２２５」を七百万円分買っておけば、今頃三百万円の含み益でした。

新聞をくまなく見る必要などありません。時々、日経平均だけ見ておけばいいんです。でも、うっかりしているうちに、値上がり後にどんどん値下がりしちゃったりしたら、せっかく……って思っちゃうでしょう。

それでも、日経平均七千円といったら、過去を見てもどん底中のどん底です。そのどん底まで落ちなければ、まだ損にはなりません。

株式投資の適性はやらなければわからない！

「いや、ほんとに株、やってたんすね……」

おお甥っ子君よ、ちゃんと聞いてたんだね。でも、オマエにも言ったよね。やるか？　って。オレを相手に株式投資でもやるかって。一口のらないかって。

「いや、まさか、ほんとにやるとは……」

はあ？　自分でやりもしないのにあれこれ書けるわけはないでしょう。もちろん、やった結果がどうだったかは、それはまた話が違うわけだからさ。株式投資もやっぱりまずやってみてこそ、向き不向きがわかるわけだし。

自分がたまたまうまくいったからって人にすすめるものでもないしさ。やりもしないであれは危ない、これもダメですっていうのも違うだろう。

「でも、一千万円を株で運用して百万儲かったからといって、それで中古の山歩き車を買ったら、意味なくないすか？　自分年金作りのための株式投資なんすよね？」

あー、そうです、そのとおりです、オマエの言ってることは正しいです。ほんと、そのとおりです。おっしゃるとおり、せっかく株式投資で儲かったからといって、それで消費に使っちゃったら、なんの意味もありません。

どうぞ、こんなオジサンのようにはならないようにしてくださーい。

「いや、僕はもう、結婚しますし……。そのうち子供もできるでしょうし……。そのうち家を買おうかと……」

いや〜、素晴らしい！

これから歩む自分の人生の方向になんら迷いも不安もないその考え方。オジサン、またお説教のひとつでもしちゃおうかな〜。

どうせまた、家買うときには、親から金出してもらっちゃったりするんだろう？

結婚して、五年後くらいには住宅ローンで憧れのマイホームを買う気でいるんだもんな。

じゃあ、このまま第四章に突入だ。

憧れのマイホーム、多くの人が買うことになる住宅、だけど車を買うのとはちょっとわけが違うからねー。

CHAPTER 4

当然のように家を買ってはいけません

「オジサン、どうしてマンションにしたんすか？　マイホームを買うなら、一戸建てよりマンションのほうがいいんすか？」

血のつながった身内だからきつい見方をしてしまうのだろうか？　マイホームを買うなら、マンションがいいのか、一戸建てがいいのかと聞いているのかな？

車を買うならセダンなのか、ミニバンなのかという質問にしか聞こえないんだけど。マンションか、一戸建てか……。それは金銭的、経済的にどちらが有利か、つまりどっちがお得かという質問かい？

それとも、構造上の点からどっちがいいかという質問かい？

「あ……いや、なんていうか……その全般的に、です！」

オマエと話していると、自分がすごく意地悪になっているような気がしてくるよ。そういう質問をするってことはさ、もうマイホームを買うっていうことは決定しているわけで、買うか買わないかという議論はいいわけだ。

もう前置きはいいから、さっさと具体的な話を聞かせろ、早くマニュアルを教えてくれ、というわけだね。やっぱり買うタイミングの話からのほうがいいのか。
そういう質問、よくされるんだよ……。

半分消えてもいい額を投資しなさい

前章では、「自分年金作り」と称して、私の、株式投資実践の様子を書きました。もし、ちょっとでも興味を感じたなら、ぜひやってみてください。

その予算の目安は、仮に、投資してすぐに二、三割、あるいは半分が消えてなくなったとしてもじっと我慢できる金額にとどめておいたほうがいいです。値下がりしてしまったら、売らずに元の値段に戻るまでじっと待ってみるのがいいです。というか、それしか方法がありません。

まるで、漬物でも漬けているように……。こういう状態を、株取引用語で「塩漬け」といいます。

つまり、値上がりする可能性もあるけれどその逆もあるわけだから、そうなった場合でも耐えられる程度の投資にしておきましょう、ということです。

上がろうが下がろうが、どちらにしても手持ちのお金の中の限られた範囲内で行っていれば、株式投資で人生を大きく狂わせることはないでしょう。それに対し、投資するつもりではないのに人生を大きく左右しかねないのが不動産、つまりマイホームの購入です。

「今賃貸マンションなんです。買ったほうがいいですかね、もう少し様子を見たほうがいいですかね」

お金に関することで本当によく受ける質問です。

三十代になると、未婚・既婚を問わず、そろそろ買っておいたほうがいいのかな……と感じるようです。

最初にいっておきますと、隣の誰かが住宅を買ったからといって、アナタも買う必要はありません。

買ったからといって何か得するわけではないし、賃貸だからといって損をしているわけでもないのです。

抱えるリスクの種類が変わるだけです。

賃貸のままだと、毎月払っても自分のもの（所有）にならないリスク。もし十年も家賃を払うくらいなら、中古のマンションでも買っておけばよかった……。そう思うなら買っておいたらどうですか？　と私は質問に答えています。

住宅ローンを抱える場合のリスクは大きく分けて二つ。

三十年以上にわたって支払い続けられるかどうかと、ずっとそこに住み続けられるかどうか、の二つです。

とはいうものの、この二つのリスクを回避する答えに正解はありません。

もし、避けられるリスクがあるとすれば、高すぎる時期に買わないようにすることぐらいです。

値上がりを期待して買わないということです。

相場より安く買うのなら地価変動率を確かめなさい

私自身の不動産の購入経験は二度です。

今から十数年前に、当時から現在まで住んでいる中古マンションを購入したのが一度目。

二度目は七年ほど前に実家の隣地四十坪を購入しました。

どちらの場合も、当時の相場なんて気にもしませんでした。

考えたのは、欲しいか欲しくないかと、買えるか買えないかの二点だけ。どちらもローンで買うつもりだったので、払えるか払えないかだけを考えました。

じつは私は、不動産取引業の資格者でもある「宅地建物取引主任者」。今から二十年ほど前、銀行員時代に取得した資格です。

この宅地建物取引主任者という資格は、不動産業を営む場合に欠かせない資格です。不動産業者に取引の仲介・媒介を依頼した場合は、この資格を持つ人から、重要事項の説明を受けなければならないのです。

そうして銀行員時代と税理士事務所勤務時代を通じて、数多くの不動産取引に関わってきた私でも、誰にも共通する「不動産を相場より安く買う方法」を見つけることはできませんでした。

なぜ見つけることができなかったのか？

得か損かは、その後の経済情勢の変化によって大きく変わってしまうからです。

それでも、今が買いどきかどうかは気になるものです。

はたしてアナタが買いたいと思っている物件が、近隣相場と比べてどうなのかは、個々のケースであるので私にはわかりません。

ただし、その気になれば誰にでも過去と比較することは可能です。五年前や十年前と比べて上がっているのか下がっているのか。

インターネットでも閲覧できる国土交通省の土地白書。

三大都市圏における地価の累積変動率（図表6参照）が掲載されています。昭和四十九年を一〇〇としてスタートし、現在、住宅地は約一六六ポイント。商業地にいたっては約

図表6 三大都市圏における地価の累積変動率

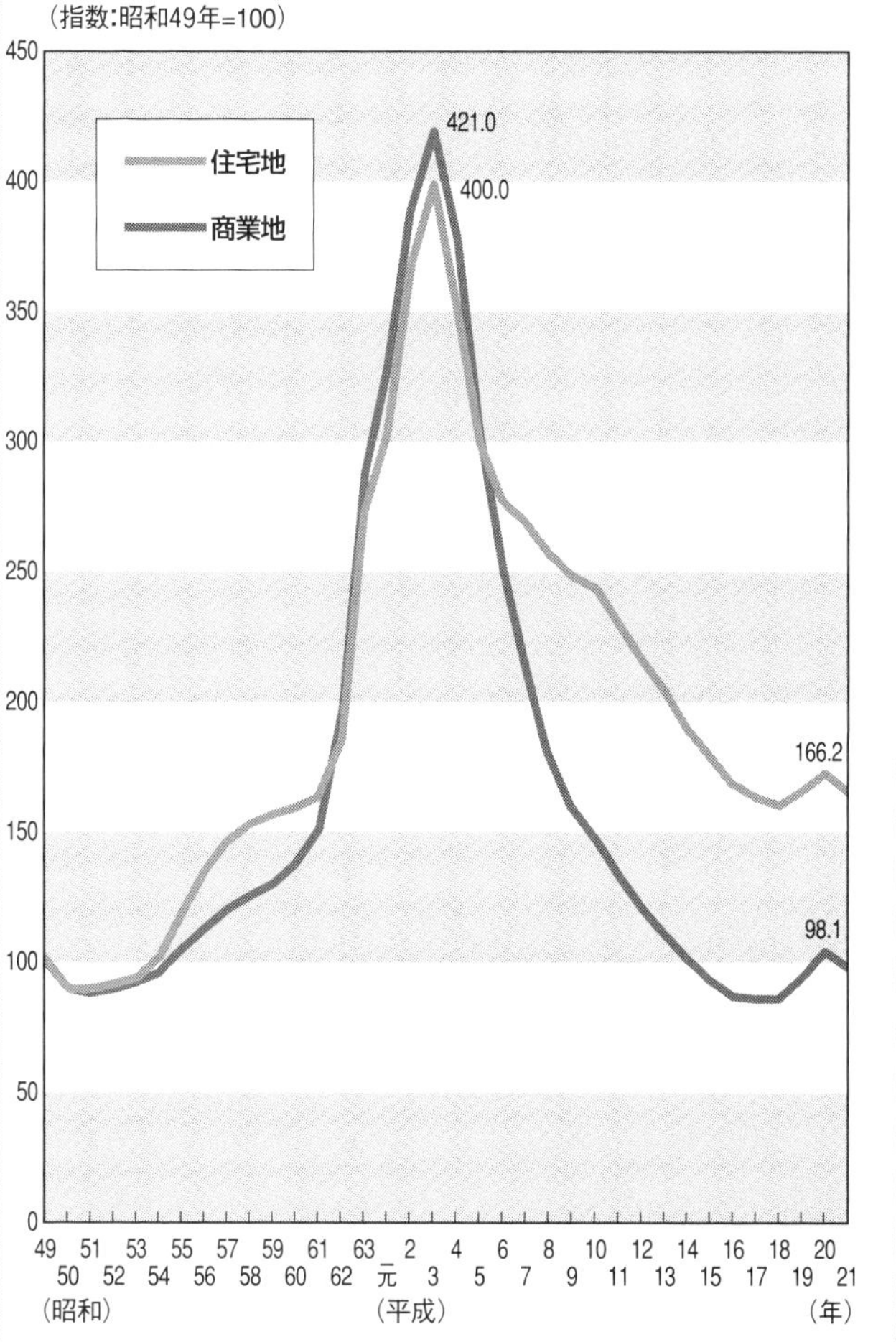

一〇〇〇ポイントです。

お買い得です、買いましょう！

少なくとも、過去に比べれば現在の相場はお買い得です。そう思いませんか？

だって、平成三年なんて、四〇〇〇ポイントを超えているんですよ。それに比べたら、半値以下です。

隣の誰かと比べるのは個々のケースバイケースの事情で簡単に判断できませんが、少なくとも、過去の相場よりはお買い得なんじゃないでしょうか。

でも、このグラフの動きからすると、ここから持ち直して上がるような気もしますし……。まだ、もう少し下がるような動きにも見えなくもないですよね。

この先の動きは誰にもわかりません。

でも、このグラフの動きを見て何かに気がつきませんか。この昭和六十一年あたりからの急上昇は異常ですよね。そして何が起こったのか、平成三年をピークに急降下です。

何が起こったのかはわかりませんが、急に値上がりしたものは値下がりも激しい。

マンションであれ何であれ、買う人が多ければ値段は上がっていくもの。隣の誰かもマンションを買った、向かいの彼も買った、同期のアイツも買った……。だから値段は上がったんでしょう。

先を占う言い方をすると、買う人が多くなっていけば、値段は上がっていきます。さて、アナタの周りでは、マンションや戸建て住宅を買いそうな人がたくさんいますか？

マンションの価値は路線価から考えなさい

自分の住んでいるエリアは、いったい今、いくらぐらいするのでしょうか？　買えそうな金額なのか、それとも手も足も出ない金額なのでしょうか？

先ほどの国土交通省のホームページから、地価公示というのを調べることができます。毎年夏になると、ニュースや新聞などで報道されるアレです。記憶に残っているという人も多いでしょう。

「銀座○丁目の角地が、○○駅前が、一平方メートル○○○○万円！」というやつです。ちなみに、土地取引では、「坪単位」で値段の話をされることが多いです。坪○万円というふうに。ということは、一平方メートルという単位で発表されている金額から、その三・三倍に換算して覚えておくといいでしょう。

この公示地価というのは、あくまでも不動産取引の目安となる基準値です。これより高い値段で取引されることもありますし、その逆もしかりです。結果として、それらの取引で多いほうに引っ張られることになります。

相場より安く買いたい、あるいは高い買い物はしたくない、と思うのなら、早速自分で調べてみましょう。

ではもうひとつ、お上の決めた基準値、路線価というのも紹介しておきましょう。

これもすぐにインターネットで閲覧できます。検索サイトで「路線価」と入れて検索してみましょう。財産評価基準書、路線価図・評価倍率表とあるのをクリックしてください。はい、これが、国税庁が定めた土地の値段の一覧表です。

どうぞ、今アナタがお住まいのエリアをどんどんクリックしていってください。見つかりましたか？　なんだか道路みたいなのが中途半端に引かれた地図のような図（図表7参照）にいきあたることと思います。

その道路沿いに、数字が入った○か□の変形した囲みがあります。その数字がその道路沿いの土地の路線価です。

もちろん、そんな簡単なものではなく、それぞれのエリアで評価のルールがあり、その数字からどんどん変化していきます。ですが、その数字がスタート台になります。

この路線価は、相続税を計算するときの土地評価の基準になったり、銀行融資の際の査定の基準になったりします。

さあ、アナタが今現在住んでいる賃貸マンションの路線価はいったいいくらでしょう？

アナタが住みたいと思っている、古臭いネーミングですが、「○○ニュータウン」の路線価はいくらでしょう？

図表7 路線価図（抜粋）

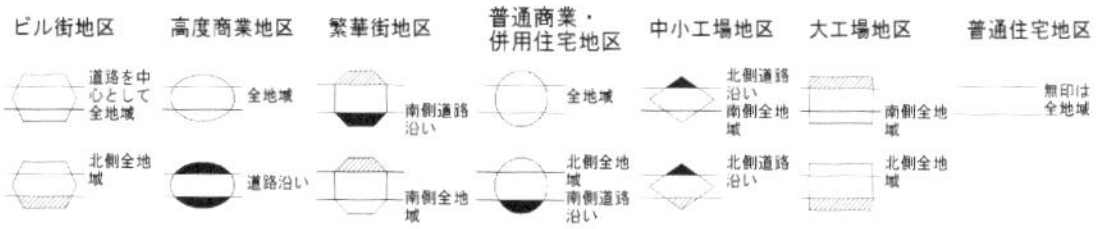

記号	借地権割合
A	90%
B	80%
C	70%
D	60%

記号	借地権割合
E	50%
F	40%
G	30%

青葉区
宮城野区
（仙台北署）

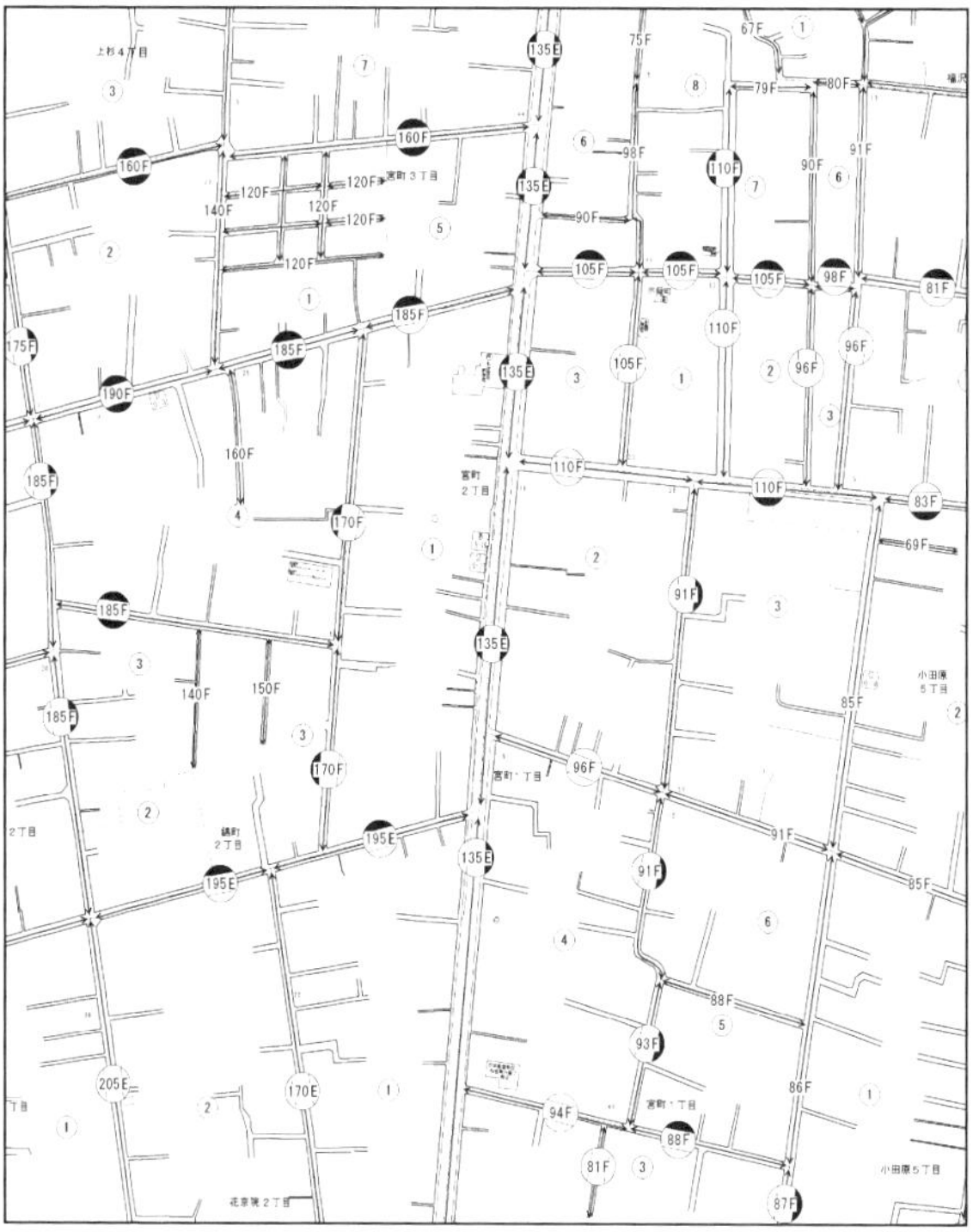

もし、路線価の数字が入っている道路に直面していて真四角で更地だったとしたら、その数字に広さ（平方メートル数）を掛け算してください。それが路線価での理論上の最大値といっていいでしょう。

ちなみに、私の事務所の前の道路には、「170」という数字が入ってます。一平方メートルあたり十七万円という基準値になります。もしマンションの敷地が三百坪だったとしたら、九百九十を掛けて、約一億七千万円！

これを五十戸のマンションで共有するとしたら、単純に五十で割ると約三百四十万円……。つまり一戸当たり三百四十万円の価値ということになります。

非常に大雑把な計算ですが、基準値を知る初めの計算としてぜひ覚えておきましょう。

例えばこの場合、もし新築マンションが売り出されたとしたら、こうして計算した土地所有部分の評価を差し引いた残りが、マンション本体部分の値段です。

さあ、自己所有のマンションにお住まいの方、アナタのマンションの土地部分（敷地権）の評価はおいくらですか？

親の住む土地の価値を調べなさい

路線価が相続税の評価の基準ということが、気になったことはありませんか？

そう、自分の親が住む場所っていくらするんでしょう？　ついでに調べてみましょう。ひょっとしたら、アナタが今見むきもしていない両親が住んでいる場所は、けっこうな評価がついているかもしれませんよ。

逆に評価そのものがついてないかもしれませんね。がっかりしないでください、私もそのひとりです。

先に、私の二度目の不動産購入は実家の隣地だったと書きました。さすがにそのときは調べました。亡き父が残してくれたわが実家の評価、つまり路線価はいったいいくらなんだろう……。ガーン！　なんと路線価がありません！

路線価がない地域というのは、固定資産税評価額に評価倍率をかけたものが基準になります。固定資産税評価額とは、固定資産税など土地と建物にかかる税金の基準となる価格のこと。土地は公示地価の七割、新築の建物の場合は建築費の五～七割程度が目安です。

私の実家は東北自動車道のあるインターチェンジからほんの二、三分のところですが、評価倍率は一・一倍です。

固定資産税評価額にしたら、いくらでもない土地でしたが、坪当たりの評価にしたら何十倍ものとんでもない値段で隣地を買ってしまったもんです。

私の場合は評価がなかったからかえって良かったかもしれません。もし、自分の親の住んでいる土地の評価を調べた結果、これがけっこうな路線価がついていたりしたら……。

親のものはいずれ自分のものになります。ムフフ……。

捕らぬ狸の皮算用をする前に、ここでは「相続」について勉強しておきましょう。

相続税はある一定額以上の相続財産のある方にしか関係ありません。ところが相続は、現在親のいる方であれば、財産の多少に拘わらず、関係があります。

相続税は、（法定相続人の数×一千万円）＋五千万円以上の相続財産があれば、課税の対象になるかもしれません。

例えば、お父さんお母さん子供二人の四人家族で、お父さんが亡くなった場合、法定相続人というのは残りの三人になります。

この場合、もし、あなたがざっと調べてみて、お父さん所有の土地が八千万円以上の路線価評価額のようでしたら、相続税の心配が必要になるかもしれません。あくまでも「心配が必要かも」です。

気になる方は、相続税の配偶者控除というのを調べてみましょう。

といっても、その土地が、銀行から借金をして購入したものの場合は、財産の金額から借金の金額を差し引いた残り＝純財産が相続税の対象になります。

中には、相続税が気になる方もいらっしゃるかもしれませんが、それよりも問題は相続のほうです。

たとえ相続税の心配はこれっぽっちの必要がなくとも、親が住んでいる土地は相続の対象になります。

親の住んでいる土地なんて知らない！　なんて、今一瞬でも思った方は、ご自分もマイホームを購入するのは考え直したほうがいいでしょう。いつの日か自分もそう思われることになりかねません。

不動産の相続人は決まっている！

平均寿命どおりに亡くなっていくものとすれば、大抵、お父さんが亡くなって、次にお母さんという順番になります。

さて、お父さんが残したマイホーム、お父さんが亡くなって相続するのは誰でしょう。

権利があるのは、先ほど書いた法定相続人です。

お母さんが相続してもいいし、子供さんの誰かが相続してもかまいませんし、仲良く三人で相続してもかまいません。皆さんで仲良く決めてください。

ただし、自分ひとりで全部相続したい！　といってもできません。

法定相続分というのが法律で定められています。

財産だけならもらいたいけど、借金はいらない！

誰しもそう考えますが、そうはいきません。

とはいうものの、住宅ローンには住宅ローン専用の生命保険がセットされていることが多いので、亡くなった場合は住宅ローンは消えることが多いです。

豹が死んで皮を残すように、お父さんが亡くなって、ローンの消えた住宅を残す選択もアリかもしれません。


自分が不動産の購入を検討する際には、もし親がいるのであれば、親の住宅の評価などがどうなっているのか、もしものときは誰が相続することになるのかまで、少し考えておいてもいいかもしれません。

親は親、自分は自分と関係のないつもりでも、そうはいかなくなるときもあるんです。

ちなみに私の場合、父親が亡くなったときに私はまだ独身でしたが、父の残した土地を私が、建物を母が相続しました。

理由は二つ。

土地は少しずつでも値段が上がる可能性があるということがひとつ。

逆にした場合、いずれ母が亡くなったときにまた土地の相続が発生します。そのときに、私のほかの兄弟から相続承認の印鑑をもらう必要が出てきます。

もし、母が亡くなる前に兄弟が先に亡くなったりしたら、その子供、私からすれば甥っ子や姪っ子から印鑑をもらう必要があるのです。

それが嫌だったので、土地は私の名義にしました。

ならば建物は？

建物はどんどん古くなっていきますから……。三十年も経ったら、ほぼ価値ゼロです。

それに、建物は壊れちゃったら、それで終わりですから。

ところが、私が結婚したらその相続した土地はどうなるのでしょう？

私の土地の上に、母親が住んでいることになってしまいました。あら大変、母親としたら、息子に何かあったら私はどうなるの？

さあ、どうなるのでしょう？

答えは、ぜひ、法定相続人のいろいろなケースを調べてみましょう。

住宅購入は親の例に学びなさい

誰しも家族ができて、ある程度の年齢になるとあまり疑問を抱かず買っているマイホーム。相続のことまで考えて買わなきゃいけないのでしょうか？

そりゃ、車を買うのとはわけが違います。

テレビコマーシャルを見て車を買うのはいいでしょう。車の性能とは何の関係もない芸能人やなんかのイメージコマーシャルの雰囲気につられて買ったところで、車の場合は高くても数百万円の買い物でしょう。

でも、車と同じ感覚でマイホームを何千万円もの借金をして買っちゃいますか？

そういうわけにはいかんです。

車でさえ、気に入らなくなった際に買い替える大変さは、第一章でも十分ご理解いただけたと思います。

いくら自動車道楽の私でも、同じ感覚でマンションや戸建て住宅の買い替えはできません。ましてや、せっかく親という見本があるわけですから、その教訓をそれぞれ生かしたほうがいいでしょう。

近くに、何十年かの住宅ローンをやっと払い終えたサンプルがあるのですから、そこから各自がそれぞれ学びましょうということです。

なにせ現在六十歳以上の親世代というのは、何十年にも及ぶ住宅ローンを支払い終えた貴重な実例です。

大げさな話、戦後六十数年、終身雇用制度のもとで働き、厚生年金を掛け続け、住宅ローンを支払い終えた初めての実例です。定年退職金をもらった世代でもあるのです。

やはり生の実体験というのは聞いておくに越したことはありません。

減税制度に合わせて住宅を買うな！

第一章で、エコカーやエコ家電の購入を国がバックアップするのには裏がある、と述べました。国がバックアップ……。つまり税金の減額や補助金です。しかも期間限定で。

それってつまり、われわれに、どんどん商品を買わせたいわけです。消費、つまりお金を使わせたいのです。

期間限定にするのは、急がせるのが目的なんです。「今のうちに買っておかないと損するぞー！」と。

じつは、もっと以前から、エコカーよりもスケールの大きな、国の消費バックアップ政策があります。それが、住宅取得減税です。

この二〇〇九年の売り文句は……。

過去最大の六百万減税！　もちろん期間限定です！

さあ急げ！　急げ！　住宅買うなら今のうちだ！　今買わなきゃ損するぞ！

慌てない、慌てない。国から六百万円もらえるわけじゃないんですから。住宅ローン減税とは、年収と借金に応じて、ある程度税金が少なくなりますよ、ということです。

つまり、年収が多くて税金をたくさん支払っている人が、たくさん借金をして住宅を建てた場合、諸条件に該当すれば、ひょっとしたら最大十年間で六百万円、税金が少なくなるかもしれません、ということです。

この住宅ローンの減税制度は、大げさにいうと毎年のように変わる可能性があります。銀行の融資と税理士事務所で十年ほど税務申告に関わってきた経験から申し上げます。この減税制度に合わせようと無理するのはやめましょう。

たまたま数年前から住宅購入を考えていて、もう七割八割プランができつつある……。というのなら、それぞれの年度の住宅減税制度に合わせるのはいいと思います。

減税制度に合わせようと、たった二、三回、展示場を回ったぐらいで数千万の借金をしちゃいますか？

でき上がった住宅を見て気に入って、ローンの審査が通れば買いたいという気持ちもわかりますけどね。

もうひとつ、住宅購入のためにかなり以前から国がバックアップしている制度があります。

それが、住宅取得資金の贈与を受けた場合の贈与税の非課税制度です。

最初に大前提を言っておきますと、人からお金をもらったら、たとえ自分の親からでも、ある金額以上なら贈与税がかかります。

「お父さ～ん！　お母さ～ん！　住宅を買うお金が足りないから、○百万円くらいお金出してくれな～い？」

はい、贈与税！　黙っていれば税務署にバレないんじゃないでしょうかって？

後日、税務署から「お尋ね書」が届くことがあります。あなたはこのたび住宅を買いましたが、そのお金の出所を教えてください、って。

もちろん、お尋ねに返信しなくてもOKです。ただ、ひょっとして、アナタの知らないところで税務署が調査をするかもしれません。

でも、ご安心を！　親から住宅取得資金をもらった場合、ある金額までは贈与税が非課税です。いささか乱暴ですが、諸条件に該当すれば五百万円までOK！

さあ、ご両親に五百万円の援助をお願いに行きましょう！

だから、生きた実例の親世代とコミュニケーションしましょうと書いたんです。

親は親、私は私と言い切った方は、もちろん親の援助なんてあてにしちゃダメですよ。

でも、親の本音としても複雑ですよね。国が住宅取得資金の非課税制度なんてやっているおかげで、出すか、出さないのかを選択しなければならないなんて。

出せない親は心苦しいでしょうし……。

もし、こんな制度がなければ、正々堂々と贈与税を払うのか、でなければ出してくれた親にはそれ相当の権利をあげなきゃいけませんよね。

例えば、三千万円の住宅購入資金のうち、五百万円を出してもらったら、六分の一は親の所有権ってことになる考え方もあります。

ですので、年間六十日親が泊まりに来る権利って考え方もあります。

贈与税が非課税だから、親から援助してもらってもＯＫなんだ、って喜んでばかりはいられませんよ。

ローン審査で借金を明かしなさい

展示場へ行ったり本を読んだり、いろいろと住宅の勉強もした。税金関係の勉強もした。よし、この際誰がなんといおうと住宅を買うぞ！　でも、ほんとに何千万も借りられるかしら？

買う決心をしたものの、そもそも借金できるかどうかが不安……。

これればかりは経験のある人しかわからないでしょう。

かくいう私もあります。

私自身がつい数年前に住宅ローンを組みました。

借りた銀行は、独立以前から給料振り込みで使っていた銀行で、独立後も入出金で使っていました。

審査の仮申し込みしたときの、あのえも言われぬドキドキ感。資金繰りコンサルタントでございます、銀行融資のアドバイスをしています、な～んていっていて、住宅ローンを断られたらシャレになりませんよね。

ローンの審査の要点を一言でいうと、年収に対しての申し込み金額の割合と返済の割合です。

いくらたくさん借りたくても、返済額が年収に対して多すぎると判断された場合などは、融資のＯＫは出ません。また、勤務先の状況や勤続年数なども考慮されます。

中小企業経営者の場合には、さらに会社の決算状態なども考慮されます。私の心配はそれでした。

中小企業経営者の場合、年収というのは、自分の会社からの給料です。それってつまり、社長である自分のサジ加減でどうとでも調整できます。例えば、自分の給料を多くして、自分の会社が赤字になっていたりしたら、当然審査に影響します

もうひとつの心配は、自分自身の個人信用情報です。

新たなローンの申し込みをする場合は、すでに借りている債務があればそれも当然加味した上で審査されます。

通常、借入申込書の欄には、今現在借りているローンやクレジットの残高と返済額を記入する欄があります。

全部書かなくてもいいかな……。私もほんのチラッと考えました。隠したところですぐにバレるのをよくわかっているのに。

そう、借金を隠そうと思っても無理です。

私のだけじゃありません。これをお読みのアナタの借金も、です。

自分の借金の一覧表、クレジットやカードローンも含めて、すべてが印字された紙を目の前にすると、なんとも複雑な心境です。

それぞれ、五百円の手数料と運転免許証の提示で、すぐに手にすることができました。

個人信用情報を取り扱う団体は大きく三つあります。ひとつは全国銀行協会の全国銀行個人信用情報センターという銀行系です。次が、主にクレジット関係のＣＩＣで、三つ目が貸金業系のＪＩＣＣです。

私は消費者金融を利用した経験はなかったので、全銀協とＣＩＣから自分の信用情報の開示をしてもらいました。

全銀協のものには私の住宅ローンの内容がこと細かに記載されています。この表には現在借入のあるものだけでなく、過去に借りて返済し終わったものでも、ある一定期間は記載されます。

驚いたのは、ＣＩＣの信用情報開示報告書です。私の報告書はなんと二十数ページにもわたっていました。

目の前の担当者に「こんなに私のクレジット履歴があるんですか⁉」と思わず問いただしてしまいました。

それもそのはずです。なんと、過去に作ったまま使ってないクレジットカードやら、解約したカードやら、すべてが記載されているのです。

第一章に書いた、レガシィを法人でリース契約した際の個人保証のデータも、ちゃんと記載されていました。

もちろん、これらのことについては、知ってはいました。

しかし、いざこうして自分の信用情報を目の前にすると、なんとも言えない気分になります。隠そうとしたって、バレバレです。

さて、これらのいわゆる信用情報は、誰でも閲覧できるかというとそうではありません。それぞれの情報機関に加盟している銀行をはじめとする金融関係業者が、申し込み人の同意のもとに、調査をすることができるのです。

その上で、あらこの人、いろんなところからたくさん借りてるじゃないの！　さて、今回の申し込みはどうしようかしら、と融資やクレジットの審査に使うわけです。

貸す側の注目点は、借りている残高の多寡だけではありません。過去の返済状況、延滞のあるなしも非常に重要になってきます。

借入残高や過去の延滞等などが、どういう状況の場合に、どのように審査に影響してくるのかは、一概には言えません。

個々の金融機関にもよりますし、申し込み金額等によっても変わってきます。

気になる人は、一度自分の信用情報を調べてみるといいでしょう。たかがクレジット、たかがキャッシング、一度や二度延滞したからってどうってことないと思っているのは、アナタだけかも……。

気になる家の住宅ローン額を調べなさい

私が昔、銀行で個人融資の取り扱いをしていたときは、こんな個人信用情報なんてありませんでした。消費者ローンの申し込みを受ける場合は、提携する消費者金融会社に運転免許証をファックスして、あとは結果待ち……。

何社か申し込みして全滅したときには、ご本人さんになんていってお断りしようかと悩んだもんです。ご本人さんだけではなく、同居のご家族の利用状況も審査対象になっていたようですから。

とはいえ、個人信用情報は誰もが自由勝手に見ることができる情報ではありません。

しかし、誰でも自由に知ることができる個人の情報があります。それが不動産登記簿です。

例えば、誰かが何らかの方法で私の住居を調べることができたとしましょう。管轄の法務局に行って、私の不動産の登記簿を閲覧し、あるいはその写し、登記簿謄本を得ることができます。

知りたい土地や建物の所在地さえわかれば、その所有者や居住者が誰なのかわからなくても調べられます。

その不動産登記簿から何がわかるのか？

土地や建物の広さから、所有者名と、抵当権など借入の担保になっているかどうかがわかります。

過去の履歴をとれば、所有者や土地の移り変わりもわかります。かつて原野だった土地を宅地にして分筆したのか、ずっと相続されてきた土地なのか、所有者が転々としているのか、などもわかるのです。

さらに、抵当権や根抵当権の設定登記があれば、その土地や建物を担保として借金しているのかどうかもわかります。

ここで抵当権と根抵当権を簡単に説明しておきます。

例えば、住宅ローンを三千万円借りたのであれば、その土地に抵当権三千万円として記載されていると思われます。いろいろなケースが考えられますので必ずとは言い切れませんが……。

もし住居として完成された土地と建物を購入したのであれば、所有権移転登記と抵当権設定登記は同日の受付となっていることが多いと思われます。

ということは、もしアナタが興味関心を持っている土地に、そういった売買での所有権移転登記と、抵当権の設定の金額が載っていれば、ほぼその金額で買ったと思っていいでしょう。

もともとの所有者がいつ頃いくらで買ったのかは気になるところですよね。

では根抵当権とは？

例えば三千万円の抵当権であれば、月々か年々か返済していくはずですから、その金額より借入残高は少なくなっていくでしょう。もちろん返済をしていれば、ですが。

しかし、この場合であれば、いったん借りた三千万円以上に増えること、あるいはすすんだ返済が新たに借りて元の三千万円に戻ることはありません。

それに対し、根抵当権の場合は、設定金額というのは借りることのできる上限の金額であって、はたしていくら借りたのかはわかりません。

例えば根抵当権三千万円となっている場合は、借りたのは二千万円かもしれませんし、一千万円かもしれません。また、いったんは一千万円借りたけど、その後追加で一千万円借りているのかもしれません。

そうして、限度額の範囲内で反復利用できるのが根抵当権です。平たくいってしまうと、カードローンの土地版みたいなもんです。個人信用情報に記載されているキャッシングの限度額のような感じといってもいいでしょう。

ただし、個人でのカードローンの利用状況については、関係機関が信用情報で調べることができますが、不動産の根抵当権の利用状況まではっきりとは調べられません。

はたして、個人的に住宅を購入しようとする場合、不動産登記簿まで調べる必要があるでしょうか？

もちろん、人それぞれの考え方しだいでしょう。

でも、調べておいて、何か気がつくことがあれば、それに越したことはありませんよ。

HPの受注実績から工務店を選びなさい

私の場合、もっとも心配だったのは、借りられるかどうかよりも、住宅を建てる際の工務店選びです。

工務店選びの何が心配だったか？

その工務店の建築技術？　いえいえ、技術的なことは正直さっぱりわかりません。いくら本を読んでも、これが最新の工法ですといわれたところで、ハァ？　です。

大変失礼なんですけど、工務店の経営状態が心配だったんです。

だって、私の仕事は中小企業の資金繰りのコンサルタントです。ふだんから、資金繰りに悩む中小企業の、もちろん工務店や建設会社からの相談も受けているわけです。

契約したはいいが、建てている途中で工務店の経営に何かあったりしたら……。

時々、ニュースなどで見たり聞いたりすることがあるでしょう？

万が一にも、そういうトラブルにならない判断材料をここでいくつか紹介しておきましょう。

ひとつ目は、許認可関係。

建設業であれば建設業の、宅地建物取引業者であればその許可が、それぞれ国土交通大臣か都道府県知事から必要です。その許認可の更新はどちらも五年ごとになっています。ということは、チラシなどの広告やホームページに記載されている許認可の更新番号が多ければ多いほど長く事業をしている、という判断ができます。

二つ目は決算状況ですが、上場企業でもない限り、これは外部から知ることはできません。しかし、想像することはできます。昨年は何棟受注したとか完工したとかをアピールしている工務店であれば、おおよその売上高はわかります。

一棟あたり三千万円として年間十棟の完工をしていれば売上高は三億円ということです。依頼者であるこちら側は、住宅ローンの審査が通った後か通ることを前提とした契約になるのですから、工務店側からすると売上回収に心配はありません。しかし、発注したこちら側の心配も解消してほしいところです。

ホームページなどで受注高や完工高を公表している会社であれば、そういう意味では良心的といえるでしょう。

これが、大企業あるいは上場企業相手であれば、ホームページなどから、営業内容や経理の状況が記載されている「有価証券報告書」を見ることもできます。

しかし、金額のケタが大すぎてピンとこないのではないでしょうか。

そういうときの見るコツは、中小企業の決算書を見るときと同じ要領で。

上場企業であれば、決算書の単位は百万単位ですが、千円単位として見ます。そうすると、資金の調達とその運用の状況を一覧として表したものである「バランスシート」が、中小企業のように感じられます。

もし、中小工務店をもっと調べてみたい、と思うのであれば、前項の不動産登記簿の閲覧をやってみましょう。

例えば、気になる工務店の本店所在と記載してある場所の土地の登記簿を閲覧してみるとか。その不動産を担保にした銀行借入があれば、当然記載されているはずです。

また、商業登記簿謄本の閲覧は個人的にできます。不動産登記簿と同じで、手数料を支払えば誰でも見ることができます。会社の設立年月日とか、取締役や監査役の氏名などがわかります。

役員欄に社長と同じ苗字の人ばかり載っているのなら、家族や親戚で経営しているのかなと想像することもできます。

履歴を見たところ、役員の入れ替わりが激しければ、内部で何かいろいろあるのかな……と思って間違いないでしょう。

マンションは中古でもいい!

私の工務店選びのカギになったのは何か?

私の現在の住まいはマンションです。建てた住宅というのは、私の実家です。つまり建て替えです。亡くなった父親から相続した土地の上の、父の建てた家を取り壊し、私が新たに建てたのです。

最後の決め手は、工務店の社長が何十年も前からの私の母親の知り合いだったことです。

あれこれ調べて考えて、最後の決め手は人縁地縁!

結局、外から見ただけじゃ、あるいは中身を聞いたところで、この工法ではあっちが安いの、この材料では高いのといったところで、わかりませんよ。

安いのは安いだけの理由があるでしょうし、高いのにもあるでしょう。

テレビで有名タレントを使って宣伝しているハウスメーカーにしようかと迷いました。大企業であればパッケージで注文するのも楽チンではないかと。当然見栄えはいいし。

しかし、大企業のこの営業マン、たぶんすぐに転勤か何かでいなくなりますよ。この展示場だって受注が減ればすぐに撤退するし。あの有名タレントの出演料も値段に含まれているんだろうな……。やめとこう、となりました。

さて、マンション選びのコツですが、私は新築マンションを買ったことがありません。

自分が賃貸で住んでいたマンションの別の部屋を買って今も住んでいます。築年数も古かったので、当時の住宅ローンの返済年数も十年も組めませんでした。

現在、築年数は三十数年経っています。十年前には新車の高級外車が買えるかどうかという値段だったのが、今や国産の普通乗用車並みの値段です。

築年数が経つと修繕費用の負担が発生します。これはけっこうバカになりません。しかも修繕するにしても、大規模になると全所有者での協議が必要になってきます。仕事が忙しいし、オレ関係ねーよっていっても協議で決定したら支払の義務が発生してしまいます。

どんなに立派な新築マンションであっても、いつか必ず古くなります。なんだか、車と同じような感じだと思いませんか？

新車がいいか、中古でもいいのか……どっちにしても古くなっていくのは同じです。

登記が難解なら不動産投資はするな！

本章の最後に、不動産の投資に関してお話ししましょう。

私は銀行員と税理士事務所勤務時代を通じて、多くの不動産取引に関わってきました。

銀行員時代は貸す側として、税理士事務所時代は税金的な面からのアドバイス役として。

独立してからは、その後始末の相談で……。


借金で不動産投資をして、計算が狂って支払えなくなった場合、最後は「売る」しかありません。自主的に売るか、強制的に競売にされるか、です。そして、売っても借金が残ればそれは払わなければいけません。

銀行から借金をして投資用に不動産を買い、賃貸収入で楽々生活……。それが誰にでもできるなら、不動産業者、建設業者が自らやっちゃうでしょう。株の投資でも書きましたが、どんな投資でも、買って儲かるのでもないし、貸して儲かるのでもありません。

売って儲かるのです。

借りて投資をした場合、借金を返し終わってからが本当の儲けです。計算上、賃貸料から経費を差し引いて税金も払って、銀行の借金を返済して使えるお金が残ります。でも、借金残高があるうちは、その残ったお金、安心して使えますか？

はたして儲かったかどうかがはっきりするのは、借金を払い終わってからか、売却して借金を完済できてからです。

私はそんな投資、怖くてできません。

では、自己資金で不動産投資をやったらどうなのでしょうか？

自己資金の場合も同じです。投資した金額以上の収入になってからが、本当の儲けです。それまでは、自分のお金を切り崩しているのと同じことです。

ただし、買った土地の値段がずっと下がらない、いつ売りに出しても同じ値段で売ることができるという前提であれば、その土地に対しての自己資金での投資は効果が大きいでしょう。まして、かつての高度成長期のように、年々土地の値段が値上がりしていくのが期待できれば、さらに効果は大きくなるでしょう。

もし、土地を買って、その上に建物を建てて賃貸して……。ということであれば、建物分の回収が終わってからが、儲けになると考えてもいいかもしれません。

ただし、あくまでも自己資金で、土地が将来値下がりしないというのが前提ですけど。

本章の登記に関する話などが、ちょっと難しいなーという場合は、不動産に対する投資を検討するのはやめておきましょう。

今も昔も、人生や会社経営を大きく狂わせる要因の多くは、借金での不動産投資です。

あらら、じっと聞いていた甥っ子はぐったりしてしまった。憧れのマイホーム購入についての基礎知識のお勉強だったんだけどねぇ……。

「こんなに専門的なことを勉強しないと買えないものなんすか、マイホームって。これ、買った人は皆、よく知った上で買っているもんなんっすか？」

そんなことは知らないよ。住宅ローンの審査に通る年収があれば、買えるのがマイホームだから。別に住宅を買うのに試験か何かあるわけじゃない。アナタはまだ勉強が足りないから、何千万もする住宅ローンを組んじゃいけません……なんて決まりはないんだから。

購入後に高い買い物した！　欠陥住宅を買わされた！　といっても取り返しはつかない。

だからって勉強すればしたで知れば知るほど怖くなって、一生買えなくなるかもね！

CHAPTER 5

お金を殖やしたいなら独立しなさい

「なんだか聞けば聞くほど、知れば知るほどよくわからなくなってきたんすけど……」

カッコいい車にも乗りたいし、結婚したら家族のことも心配だし、お金は殖やしたいし、いつかはマイホームも欲しいよね。

その原資となる予算、つまり収入は限られているわけだから、有効に使いたいしね。で、勉強してみると、知れば知るほど、何が正解なのかよくわからなくなる……。でも、それが正解なんじゃないかな。

よくわからないという感覚は正しいと思うし、大事なことなんだと思うよ。

「わからないのが正しい……。うーん、ますますわからなくなるんすけど……」

だから、これまでの質問のベースには、どこかに「お得な買い方」があるんじゃないか？　自分だけは、そのやり方をマスターしたい、ってのがあるよね。

でも、自分が得する買い方をしたいってことは、損する人がいるかもしれないっていう前提になってるよね。

例えば、自分じゃ安く買えたなって思ってても、じゃ売ったお店は損してるのか、っていうと決してそんなことはない。第一、損して売っていたら商売として成り立たなくなってしまう。

じゃ、なぜ安く売れるのか？　そのカラクリを知ってしまったりすると、さらにもっと安く買うことができたんじゃないか……って気がしてくるから不思議なもんだ。

「そうそう！　他の誰かがもっと安く買ったのを聞いたりすると悔しくなっちゃうし」

ほかに、中小企業の経営者や自営業者が経費で落としたりしている話を聞いたりするといいなぁ、と思ったりね。

第五章は結局誰が一番得するのかというテーマで書こうか。

世界経済のシナリオを読み解きなさい

わが国のかつての総理大臣が「百年に一度の大不況」と何度も口にしてくれたおかげで、すっかり耳に馴染んでしまった感があります。でも、本当に不況だったら、いくらこれまでの二倍か三倍の燃費だからといって、一台二百万円以上の新車が飛ぶように売れるものでしょうか？

いくらエコカー減税で諸費用が安くなったところで、何百万もする車を買い替えたりしている場合じゃないでしょう。

二〇〇八年のガソリン高騰の直後では、買い替えたい気持ちになるのもわからなくはありません。

私の十三歳年上の義兄もそのひとりです。

あと数年で定年退職という春に転勤の辞令を受け、自動車通勤を強いられることになりました。毎日往復で五十キロの通勤になります。

十年乗っていた車を、迷わずハイブリッド車に買い替えました。

車にはまったく興味のない兄で、これまでほぼ十年に一台の割合で乗り継いでいます。恐らくこのハイブリッド車が兄の人生で最後の車になるんじゃないでしょうか。

でも兄さん、確か通勤はあと三年くらいで終わりなんじゃないのでしょうか？

毎月約千キロの通勤のハイブリッド効果はいったいいくらでしょうか？

第一章でも書いたけど、リッター十キロの三倍の効果があったにしても、リッター百三十円で計算すると毎月八千三百七十円がハイブリッド効果ということになります。

となると三年、三十六ヶ月で約三十一万円のガソリン代の節約に。そのために二百五十万円も現金でポンと……。

でも兄さん、ガソリンがあれほど高くならなかったら、前の車を定年まで乗り続けるつもりじゃなかったかい？　たとえ転勤で自動車通勤することになっても。二〇〇八年のガソリン高騰狂想曲は、ハイブリッド車の販売促進のための布石だったんじゃないかとさえ思えてくるのは私だけじゃないでしょう。

ということは、今後もガソリンは上がり続けると兄さんは思ったんだね。ガソリンが上がれば上がるほど、ハイブリッド効果は大きくなるよね。

でもあれだね、二〇〇八年秋のリーマンショックの株暴落はよけいでしたね。あれがなければ自動車業界はハイブリッド車がもっともっと売れてウハウハ状態に……。

さて、私がリース契約したレガシィは約八十万円の違約金を支払って、めでたく解約いたしました。

もともと、新車価格で約四百万円の車を、毎月七万円の六十回リースでした。三十四回支払った時点で解約です。七万円×三十四回で二百三十八万円支払っています。残債は二十六回分百八十二万円あります。

これを、私はリース会社に二百八十万円支払って買い取ります。

買い取ったリース車輛を二百万円で中古車店に売って、中古車店は二百三十万円で売りました。

さて、誰が一番儲かったのでしょうか？

もともと中古車屋さんは、新車で売るときに一三％くらい儲かっています。ここで五十万円ほど儲かりました。今回の転売でまた三十万円ほど儲かりました。

リース会社が得た金額は、支払ったリース料二百三十八万円と買い取り金二百八十万円の五百十八万円です。そこからもともとの車輛代四百万円を差し引くと百十八万円の儲けになるでしょう。

私は、三十四ヶ月のリース代として二百三十八万円支払った上に、差し引き八十万円支払って残りの百八十二万円のリース契約を解除することができました。

結果として、三十四ヶ月で三百十八万円支払って乗ったことになります。

さて、誰が一番儲かったのでしょう？

ところで、私がしていたそのリース契約は私の会社の法人名義です。つまり、リース料は全額経費で処理していました。今回の違約金も、経費で落とします。

ということは、法人税率を四〇％とすると、支払ったリース料と違約金を経費処理することで、その四〇％ほど税金が少なくなっていたことになります。

支払総額三百十八万円×四〇％は約百二十七万円です。つまり、実質的な私（私の会社）の負担は、この三年で百九十一万円だったことになります。

さて、誰が得して、誰が損したのでしょう。

誰が得したかはさておき、損をしたのはやっぱり私でしょうか。

前にもいいましたが、その中古車屋さんは私の本業の資金繰りコンサルティングの顧問先です。つまり、私にとってのお客様で、顧問料として毎月お金をいただいております。いただいている顧問料は、支払っていたリース料より若干多いです。

得したのは誰で、損したのは誰？

十年乗れないなら新車は買うな！

サラリーマンの方は、ずるいな～と思われたかもしれません。でもこれが、中小企業の経理処理の実態です。

ただし落とし穴はあります。

もし私の会社経営がうまくいかず、利益が少なかったり、まして赤字になったりした場合には、税金効果はなくなります。

私の本業は、資金繰りのコンサルティング、つまり中小企業の資金繰りを良くすることです。資金繰りを良くするということは、資金の負担を減らさなきゃいけません。ということは、私自身、いつなんどきお役ゴメンになるかもわからないということです。

これでも、がんばって儲かるようにさえできれば実質負担を半分近くにできる中小企業の経営者を羨ましく思いますか？

どうです？

そもそも、車の買い方に、損も得もないでしょう。

確かに、同じ車種の新車であれば、販売店によって値段に差がつくことはあるでしょうけど。でも、いくつも販売店を回らなければ気がつくことではないし、後から知ってしまえば高かったな、安かったなと思うだけ。

べつに、損でもないし、得でもない。消費はどこまでいっても消費です。

どちらにしても、数年経てば、結局その価値はゼロに限りなく近づいていきます。仮に五年で乗り換えていたら、人生でいったいいくらのお金を車につぎ込むことになるでしょう。

経済性からいったら、十年乗らなきゃ新車に乗っちゃダメでしょう。

いや、五年オチの中古を五年で乗り継いだほうがお得かな？

いやいや、十年オチの高級外車のほうがお得感は高いかもよ。

いやいやいや、やっぱりピカピカの新車の乗り味は何物にも代えがたいかも……。

新車で三年乗ってまた新車に……。下取りに出した車は中古車市場に出回って……。もちろんすべてローンかリースで買い替えして……。それで新車メーカーも儲かるし、中古車販売店も儲かって、ローン会社もリース会社も儲かって……。こうして世界経済は回っていく……。

独立すると税金があがる！

車の維持に欠かせないものに、自賠責や任意保険などの保険費用があります。これも法人であれば、経費として処理することができます。

法人として利益が出ている状態であれば、その実質的負担は税効果により六割ぐらいですむでしょう。

さらに、生命保険まで、税法の定める条件さえクリアすれば、法人の経費として処理することもできます。

ただし、ここでも第二章で書いた三角関係は重要です。

契約者は当然法人で、被保険者は社長本人として、受取人は法人となる。もちろん被保険者を社員にすることも可能ですが、そもそもいくらの保険に入るのかなど、ルールは必要。

まして契約者が法人、つまり保険料の負担者は法人なのだから、受取人を法人以外にすると贈与が発生してしまいます。

難しいことを抜きにすると、サラリーマン時代に入っていた程度の金額で掛け捨てタイプのものであれば、ほぼ経費として認められる可能性は高いです。

それに対し、サラリーマン個人として認められるのは、正確にいうと給与所得者として認められるのは生命保険料控除と個人年金保険控除だけ。両方合わせて最大十万円の控除が受けられます。

十万円の控除ということは、その税率の分だけ税金が少なくてすむのはいうまでもありません。

ここで、な〜んだ、これっぽっちかと思うのかどうか。

なんだ、自分は所得税と住民税を合わせても一五％じゃないか。生命保険控除と個人年金控除を合わせたところで一万五千円か……。

しかし、法人の場合、最低でも住民税まで合わせると四〇％程度からスタートです。利益が少ないからといって、全部で一五％程度の税率じゃすまないんですよ。

給与所得者と法人と個人事業者を比べて、税制的にもっとも不利なのは個人事業者です。それをもっとも実感できるのが、脱サラして個人事業者となった直後の確定申告でしょう。私もそうでしたが、独立した直後というのは、最低でもかつての自分の給料分程度を稼げばいいんでしょ？　給料分くらい残ればいいんだろ、と考えがちです。

ところが、サラリーマンの給料には給与所得控除がありますが、同じ金額を個人事業者として得たとしますと、そのまま税金の対象になります。

例えば、年収五百万円の給与所得控除は百五十四万円です。この給与所得控除というのは税金の対象外ですから、もしこれに税率二〇%をかけたら三十万円の税金です。

中小企業の経理処理に比べて何かと不公平に感じがちですが、同じ金額を稼いだにしても、じつは給与所得者のほうが有利だったりします。

私がたった三ヶ月で個人事業から法人化した理由のトップはこの税制の有利不利。もちろん、税理士事務所時代に嫌というほど確定申告業務をしてきたから、頭ではわかっていました。

でも、しょせん頭の中の話であって、身をもって実感したことは独立するまでありませんでした。

実質社員は私ひとりなんだから、法人化するなんてばかばかしいと思っていました。社会保険にも入る気がなかったし……。

会社に勤務しているうちに、副業でもして確定申告をしてみるといいです。

仮に月給三十万で毎月天引きされる源泉所得税は扶養家族がいなければ八千円くらいでしょう。では副業で三十万円稼いで給料と合算して確定申告したら、いくら税金を納めることになるでしょうか？　月給と同じ八千円の税金ですむのでしょうか？

年収三百六十万円の給与所得は二百三十四万円だから、それに三十万円を足すと二百六十四万円になります。所得税率は一〇％だから、三十万円の副業に対する追加で納める税金は三万円ということになります。

もし給料が増えれば所得も上がるので税率もアップ。仮に所得が三百三十万を超えると税率は二〇％台に突入します。

さて、ここで問題です、所得が三百三十万円を超すことになる給料はいくらでしょうか？　答えは自分で見つけてください。

「自分会社」を前提にお金を考えなさい

では、副業で稼いだ分を、同じように給料として得ることにしたらどうなるでしょう？

この場合は、確定申告で二ヶ所からの給料として、給与所得控除を再計算して、それから税金の計算をすることになります。

いってみれば、給料が増えたのと同じ計算です。

ただし、確定申告をすることになると、住民税の計算も変わってくるので、勤務先にバレないようにする工夫が必要です。

確定申告で増えた分の住民税は、勤務先に送付せず、自分で納付するような手続きができるかどうか確認しなければいけません。

ということは、副業を考える前に、会社の就業規則の確認が必要です。仮に、就業規則で副業を禁止されていなくても、雇い主からしたら印象は良くないかもしれないですね。

副業できるくらいの能力があるなら独立してもらおうか……。そうすれば、社会保険料の負担も減るし、働いた分だけの報酬を払えばいいわけだから……。給料という固定費から、働いた分だけの変動費へ……。

まさか、こんなことにはならないと思ってしまいがちですが、じつはもうなっているんですよね。

おわかりだとは思いますが、人材派遣会社を使うというのはそういうことです。ひとりひとりをそうやって独立させたりするのが面倒なので、ひとまとめにしたのが人材派遣会社です。つまり、社員の個人事業化は始まっているんです。

私がかつて勤務していた銀行業界でも、現在は契約銀行員という制度があります。例えば、中小企業向け融資を専門に取り扱う契約銀行員という雇用形態もそのひとつです。一応、給料という形をとっているため、税金の計算上は給与所得者扱いではありますが、もう立派な個人事業者、あるいは「自分会社」という会社の経営者です。

毎月あまり変化のない給与明細かもしれませんが、「自分会社」の大事な入金明細だと思って見直しましょう。

自分が会社を通して稼いだ売上から仕入原価を差し引いた粗利が給料と考えてみてはどうでしょう。

毎日のスーツも、通勤で使う車も、同僚との飲み会も、その粗利を得るためにかかる経費です。嫌な上司との付き合い酒だって立派な交際費です。

それら経費を十把《じっぱ》ひとからげで認めてくれるのが給与所得控除……。といえるかもしれませんよ。

儲かったらすべてに税金がかかると考えなさい

この世の中の仕組みは、儲かったらすべてに税金がかかるようになっています。逆の言い方をすると、税金がかからないのであれば、儲かったことにならないともいえます。

中小企業の経営者になると、ほとんどこの感覚ではないでしょうか。言い方、表現の違いはあるかもしれませんが、少なくとも、「お得な買い物」という感覚はないでしょう。発想はつねに、それでいくら儲かるの？

逆に、買い物するときには、いかにそれに見合う分だけ楽しむか、の感覚です。自分が楽しいと思える価値があるモノや行為に対しては惜しみなく金を使い、経費で落とそうと考えます。

それゆえ、儲かりそうな匂いには敏感です。敏感であるがゆえに、やっかいなことになったりもするのですが……。

「コザカイさん、最近、株やっているんですか⁉」

ほら、長年の顧問先のM社長がさっそく嗅ぎつけてきました。

私が毎週発行しているメールマガジンに、ほんの少しそれっぽいこと書いただけなのに、見逃さないのが中小企業の経営者です。

やる？　一口のる？　一口といっても、単位間違えちゃだめよ。のるなら、とりあえず三ヶ月二％でどうでしょうか？

「え〜、二%すかー……。たった〇十万にしかならないっすよね〜」

ただし、社長へ現金で、領収書なしで。

「のる、のります！　すぐに会社宛に振り込みます。顧問料の口座でいいっすよね？」

いや、別の口座を後で連絡します。その振り込む際の経理処理は、仮払金としておいてください。三ヶ月後の決算までには返金します。その前に、融資のある銀行から、いったん融資取引のない銀行に資金移動をして、それから振り込んでください。

さあ、これで、コザカイファンドの設立です。

その結果は第三章に書いてあるとおりです。

第三章に書いたのは、私の会社としての株式投資運用レポートです。でも、はたしてほんとにあれだけだったのでしょうか。

同じことを、別の証券会社でもやっていたかもしれません。あるいは、私が私の会社からお金を借りて、個人で同じ運用をやっていたかもしれません。

まったくもう、税金のかからない裏金に目がないのが中小企業経営者の悪いところです。

これでもし、私が悪徳コンサルタントだったら、M社長が振り込んだそのお金、二度とM社長には戻りませんよ。

レバレッジを効かせなさい

なぜ私は、顧問先の社長を相手に自分への投資を誘うようなことを言ったのでしょうか？

それは、より大きな投資効果を得るためには、投資額を大きくするしかないからです。投資に回せる自己資金に限りがあるならば、借りてでも行えばいいじゃないですか。

これを、レバレッジ効果というんですね。カッコいい呼び方です。

だって、何度も書いてきましたけど、乱暴に言うと、儲かったら半分近く税金ですよ。第三章を思い出してください。自分年金作りで株式運用を始めましたけど、このまま会社の決算をむかえたら、半分近く税金がかかるんです。

ということは、投資効果も半分になっちゃうんですよ。税引き後で自分年金作りをするのなら、投資結果を倍にしなきゃいけない。そういうことになるんです。儲かったら税金。自分年金作りも大変です。

さて、どうしましょう。何か良い税金対策がないかしら、なんとなく悔しいけど、やっぱり、会社でも保険に入っておきましょうか。

会社で一千万円の株式投資をして年間百万円の運用益を出したら、四十万円は税金で持っていかれてしまいます。ならば、その運用益に見合う保険に入って、もちろん経費処理できるタイプの保険で。でも掛け捨てだと運用益を出した意味がなくなるから、解約返戻金が高いタイプの保険を探して……。

私が税理士事務所に勤めていた時代だったら、二十年ものの、契約時の保険金額が年を経るごとに一定金額まで増加していく「逓増定期保険」で解決できました。

逓増定期保険は期間満了の際の満期返戻金はゼロになりますが、なぜか中途解約した際には、先払いした保険料が解約返戻金として戻ってくるという特殊なものです。この特殊なポイントを上手く使うことで節税が見込めるのです。この解約返戻金には年ごとにパーセンテージの変動があり、ピーク時に解約した際には保険料に対して一〇〇%やそれに限りなく近い解約返戻金を受け取ることができます。

その発想が、いくらの保障が必要かではなく、この予算であればどの程度の保障に入れて、いくら解約返戻金が戻ってくるか？　でした。

例えば、年間百万円の掛け捨てタイプの保険に入って、解約返戻金が五〇％を超えるのは何年後か？　というのが目安だったり。

なぜ解約返戻率が五〇％を超えるのが気になるか？

掛け捨てタイプの保険ということは、経費で処理できるわけです。ということは、その分、税金が少なくてすむ。今から十数年前は、実効税率が五〇％を超えていたのです。つまり、税金を五〇％払ったと思えば、保険料の負担は実質半分ですむという考え方です。それで解約返戻金が掛け金の五〇％を超えたら？　実質的には解約するまでの保険料負担はゼロ！　もし五〇％を超えた解約返戻金が得られたとしたら、その分は実質的には儲かった……。という考え方です。

本当にそうなのでしょうか？

いつか独立して中小企業の経営者になって利益がたくさん出るようになれば、こういうことで悩む日がくるかもしれません。

ちなみに、その解約返戻金は、解約したその時点での利益になる。つまり、解約返戻金に対して税金がかかる……。

なんだ、結局は税金ですか。

どこまでいっても、儲かれば税金がかかるようになっています。

ならば、株投資にもっともっとレバレッジを効かせて、たくさん税金をとられても、たくさん残るようにしたほうがいいのでしょうか？

信用取引でレバレッジを三倍にしたら利益も三倍。もし私が一千万円の自己資金で三倍の信用取引をしていたら……。

三倍じゃ面白くありません？

ならば、レバレッジを十倍かけられる投資に切り替えましょうか。

退職金も自分で準備しなさい

サラリーマン時代は、退職金というのはもらえて当然だと思っていました。就業規則があって、入社何年後に退職するのならばいくらと。

でも、払うほうの身、会社側になって考えてみてください。

確かに、勤続何十年という社員には、何か特別なお金を支給してあげたいと思ってもおかしくないし、もらうほうも嬉しいだろうし、励みになるでしょう。

でも、そのお金、どうやって準備したらいいと思います？

貯めるしかないんです。つまり、会社の貯蓄です。

退職金のための積み立て貯蓄って、経費になると思います？ 細かいルールを抜きにすると、経費になりません。経費にならないということは、利益から税金を支払って残ったお金の中から、準備しなくちゃいけないのです。

私が自分年金作りで始めた私の会社での株式運用で、毎年百万円の利益を出していこうとしても、税金を払うと六割の六十万円しか残りません。十五年やっても九百万円にしかなりません。

そんなの、株の運用益をあてにしないで、本業の税引き後利益の中から準備すればいいだろうと？

そのとおり、おっしゃるとおりです。

ということは、私が欲しいと思う退職金の額があったら、その分も含めて利益を出さなきゃいけないというわけです。もし三千万円の退職金が欲しいと思った場合、税率四〇％としたら、さあいくらの利益を出していかなきゃいけないのでしょうか？ 毎年コンスタントに利益を出せるものでしょうか？

ということは、社員がいれば、社員の退職金も含めて利益を出していかなきゃいけないわけです。

さて、もしこれをお読みの方が、サラリーマンの方でしたら、アナタの会社はその分までの利益が出ていますか？　就業規則の退職金規定から、今現在必要と思われる退職金の大まかな計算ができませんか？

アナタの会社のバランスシート、どうなっているんでしょう。予想される退職金の準備はできているのでしょうか。

その前に、給料や賞与のほかに退職金の分まで、アナタが会社の利益に貢献できている自信はありますか？

土地の借金購入の場合、返済は経費ではない！

株に投資するのはどうも危なっかしくて馴染めない。会社経営で利益が出たら出たで税金対策も心配だし、保険の取り扱いの税法もなんかしっくりこない……。やっぱり給与所得者、つまりサラリーマンのまま不動産賃貸でもやっていよう、土地や建物はちゃんと目に見えて形があって、家賃も入ってきて確実だ……。

そういう方に、最低限の税金のルールをお話ししておきましょう。第四章で、借金しての不動産投資は人生も会社経営も大きく狂わす原因と書いた、その単純な理由です。

借金して土地を買った場合、その返済は経費になりません。

それがたとえ個人であっても、法人であっても。大きかろうが、中小零細だろうが、どんな法人であっても、土地の借金は経費になりません。

もちろん、借金の金利は経費になります。

ということは、借金して土地を買って賃貸した場合、その収入（地代）には税金がかかる、ということです。

つまり、借金して買った土地の地代から返済しようと思っても、税金を引いて残った分までしか返済には回せません。足りなくなれば、自分でどこかからお金を足して、返済しなければいけません。

例えば、一億円の土地の賃貸料が年一〇％だったとして、金利が二％であれば残りは八％です。税率が三〇％とすれば、手元に残るのはいくらでしょう？

それをすべて返済に回せたとして、借金返済には何年かかるでしょう？

これは譬えですから、一億円でも五千万円でもいっしょです。税率は、今現在の自分自身の個人所得の税率に照らし合わせましょう。

ただし、収入が増えると税率も変わりますから注意してください。

建物の場合は、減価償却といって、その価格分を耐用年数で割って経費にしていくことができます。

耐用年数は、構造によって、あるいは新築か中古かによって変わってきます。

例えば、木造アパートで耐用年数二十五年として購入価格五千万円とすれば、年間の減価償却費は五千万円を二十五年で割って二百万円です。購入価格に対し一〇%の家賃とすれば、賃料五百万円から減価償却費二百万円を引いた三百万円が利益になります。

もし借金で買ったとすれば、その金利を二%としたら約百万円も差し引けます。

そうすると、利益が二百万円となって、そこに税金がかかります。

税率三〇%としたら、手元に残るお金はいくらになるでしょう？

もちろん減価償却費分はお金が出ていかない費用ですから、手元に残ります。

この場合であれば、手元に残るのは、減価償却二百万円プラス税引き後利益百四十万円で合計三百四十万円です。

すべて返済に回すとしたら、約十五年で完済です。

もし、築後十五年まで五百万円の賃料が受け取れて、その後も家賃が入り続けたら、それは金の卵を産むニワトリ！　ですよね。

ただし、その貸家の土地も借金で購入したら？

続いたら、続けられれば。もし土地だけでも借金なしで買うことができたら、できれば。

「たら」「れば」……。

念のために、ここでも考えてみましょう。

賃貸用不動産を買って儲かるのは誰でしょうか？　新築だったら、土地の以前の所有者が儲かるの？　建てた建設会社が儲かるのでしょうか？　それとも仲介の不動産業者が儲かるのでしょうか？　やっぱり、買った人が一番儲かるのでしょうか？　中古物件だったら、以前の所有者はなぜ売っちゃうのでしょうか？

独立事務所の土地代は経費ではない！

参考までに、これが事業用不動産だったらどうするのでしょうか？

つまり、独立して、自分の会社のお店として使うのに、賃貸がいいか所有がいいかという疑問です。

会社経営で自社使用のためであろうが、賃貸目的であろうが、前項の場合と要領はいっしょです。土地の分の借金は経費にならないし、建物は耐用年数によって償却して経費にしていきます。

税引き後利益と減価償却費の合計額と銀行の借金返済のズレが問題になってくる。

じつは、この本に書いてきた私が顧問をしている中古車屋さんでも、つい最近自社店舗の土地を購入しました。

「コザカイさん、どうしたらいいっすかね、土地は経費になんないんですよね？」

何度聞かれても、ならないものはならないし、それをクリアするうまい方法もありません。

でも、今払っている土地代より、金利と元金の返済額の合計のほうが少ないから。五十万円の土地代が、元利金四十万円で十万円少なくなりますし。

「でも、金の収支は合うけど、会社で利益が出ちゃいますよね？　六百万円も地代がなくなるわけだから、その四割が税金ですか？」

そうなって、その誤差の資金繰りをどうします？

そりゃ、借り換えで回しておくしかないね。地代がなくなって以前より利益が出るようになるわけだから、運転資金の借り換えなら問題はないでしょう。

いったん十年以上の長期で借りた土地の借入分の借り換えはできないけど、運転資金の借り換えならできるから。そうやって、ぐるぐる資金繰りを回していくしかないですよね。

結局、土地の借金は、税引き後の利益からしか払えないのですから。

「もし、もしも……」

もしも借金返済もできないほど資金繰りに困ったら？

そんなときは社長、私という顧問がついているんですから、リスケでもなんでもやってしのいでいきましょう！

土地代や家賃が払えなくなって滞納したら、ごく近い将来に立ち退きでしょう？　借金の返済の猶予だったら、二、三年はなんとかなりますって！

リスクも負わなきゃ、リターンはない！

似たような言葉の響きではありますが、消費と投資ではえらい違いです。

私のつい最近までの車の買い方は、ただの消費。それも手の届きそうな価格の車を、できそうなローンやクレジットの借金で買っただけです。

でも、車を買ってもっと楽しむという意図があれば、それはただの消費ではなく、何がしかのリターンの得られる投資と呼んでもいいのかもしれません。

眺めるだけで楽しいのなら、それはそれで十分にリターンを得ているともいえるでしょう。

ファッションや、時計や貴金属もそうです。

借金をしてまで買う価値があると自分が思えて実感できて、なおかつ払えるのならば問題ないのです。

でも、ならば、貯めてから買ったらどうでしょう。

せめて買いたいものの金額の三割だけでも自己資金を用意してみたらいいのです。

では、私のやっている株式投資は本当に投資なのか？

じつは、パソコンの画面で株価を適当に見て、ただ売ったり買ったりして楽しんでいるだけではないのでしょうか？

確かに、今のところリターンはあるけど、そこから何も学んでいなければ、自分で投資をしている気分を楽しんでいるだけではないのでしょうか？

なぜ私は人生最大のリスクといいながら、実家を建て替えて住宅ローンを組んだのでしょうか？

親孝行の意味もありましたが、自分が楽しむためです。もし自分が万が一のときには家族に残せるようにという意味もあります。

が、ひょっとしたら、長生きすればするほど、そのリスクの度合いは大きくなっていくかもしれません。

でも、今の私にとって、消費であれ投資であれ、そのコントロールはすべて私の手の中にあります。


「コザカイさん、本書くって言っていましたけど、もう車を買うなとかはやめてくださいね！」


あ、中古車店の社長、レガシィ売却、ありがとうございました。もう車を買うなって？

もちろんそんなこと思っていませんよ。

楽しいですよ、車は。BMWなんて、街中乗ってるだけでも楽しいし、眺めてるだけでも楽しいです。

新築した実家も、帰省するのが楽しみになりましたし。

株の投資も、上がったり下がったりして、自分で運用してる気分で楽しいですし。

こうして本を書いていても、売れるのか売れないのか、ハラハラドキドキして楽しいですしね。

もちろん、借金も払えるかどうか心配だし、株価の暴落も心配だし、毎日パソコンに向かって書くのも大変だし……そもそも、本業のコンサルティング業の先行きも心配だけど。だけど、リスクを負わなきゃリターンもないのです。そのリスクがわかっていれば、コントロールも可能でしょう。

「次、何いきますか？　リース契約、あいちゃいましたね。なんか別の新車、いきますか？　次は三年であまり査定の落ちないの選んで」

そっか、次の課題は新車で三年で査定の落ちない車の買い方でって……もうけしてやりません！

あ、ごめん、別の顧問先のM社長から電話が……。

「コザカイさん！　二億円で賃料年間三千万の一棟建てマンションの売りが出ましたよ！二人で買っちゃいましょうよ！　十年で借金返せますよ！」

そっか、もうひとつの課題に、不動産賃貸ってのもありましたか……。

「人生ほんとに狂うかどうか、やっちゃいましょうよ！」

おわりに

知っていることと、実践できているかどうかは別です。たとえ実践できたとしても、必ずしも良い結果につながるわけではありません。

仮に、現在までは良い結果が出ていたとしても、人生という長い目で見たら先はわかりません。

それでもいえることとは、その金額の多い少ないに拘わらず、お金の使い方は重要だということです。もっと踏み込めば、お金に関する情報の使い方といってもいいでしょう。

資金繰りコンサルタントとして、ひとりの大人として、こうして自分のお金の使い方を題材にして本を書いてみると、正直自分でもよくわかりません。

やってしまった過去に関してはしょうがありません。これからのことだけで考えれば、もっと積極的にお金を動かす方向、つまり投資にシフトしたほうがいいのか……。あるいは、消費を抑える方向にしたほうがいいのか……。

「あれ？　らしくないっすねー。オジサンでも弱気になることってあるんすか？　やっぱりほら、コンサルタントなんすから、もっとリスクをとってやっていただかないと」

なんだ？　甥っ子よ。で、その結果の良し悪しを参考にするというわけか？

そうね、具体的な例を示すのが年長者としての役目だよね。

確かに、何もしなければリスクもないわけだけど、リターンもないわけだしね。

せっかく知識を得ても、実践に生かしてみなければ確かめようもないわけだし。

この本をお買いになった読者の皆さんにも、何らかの形で少しでも日々のお金の使い方に役立てていただけることを願っています。

小堺　桂悦郎

〈著者紹介〉
小堺桂悦郎　バブル景気と言われた1980年代後半から金融機関の融資係として過ごし、大手税理士事務所に転職。前職での経験から、税理士事務所在職中のほとんどを顧問先の銀行対策を含めた資金繰り重視のコンサルティング業務に専任する。2001年末に独立し、02年4月、(有)小堺コンサルティング事務所を設立。著書にシリーズ70万部突破の『なぜ、社長のベンツは4ドアなのか?』『なぜ、社長のベンツは4ドアなのか?〜決算書編〜』、シリーズ10万部突破の『借金バンザイ!』『粉飾バンザイ!』(いずれもフォレスト出版)、『晴れた日には銀行から傘を借りよう』(日本実業出版社)、『ベンツを買って丸ビルに行け!』(フォレスト出版)、『はじめは中古のBMWに乗りなさい』(小社)、『社長!そんな税理士はいますぐ替えなさい』(日本実業出版社)などがある。
[ホームページ] http://www.kozakai-keietsurou.com/

消費と投資で人生を狂わすな
2010年5月10日 第1刷発行

著　者　小堺桂悦郎
発行者　見城 徹

GENTOSHA

発行所　株式会社 幻冬舎
〒151-0051 東京都渋谷区千駄ヶ谷4-9-7

電話:03(5411)6211(編集)
03(5411)6222(営業)
振替:00120-8-767643
印刷・製本所:中央精版印刷株式会社

検印廃止

ISBN978-4-344-01820-4 C0095
幻冬舎ホームページアドレス　http://www.gentosha.co.jp/

この本に関するご意見・ご感想をメールでお寄せいただく場合は、
comment@gentosha.co.jpまで。